新型コロナウイルスに対する

学校の 感染対策

改訂版

武藤 義和　著
公立陶生病院感染症内科

丸善出版

まえがき

　僕が新型コロナウイルス（以下、新型コロナ）感染症の患者さんを初めて経験したのは2020年2月のことでした。当時はまだ誰もその正体がわからず、治療法も感染対策も、ほとんど情報がないままに「おそらく有効であろう」という感染対策のもと、勤務する病院の感染対策の責任者としてスタッフを指導しました。僕自身も直接患者さんの診療を続けることで少しずつ自信がつき、この感染症との戦い方も見えてきました。

　しかし、今だからいえますが、初期の頃は「そんな病気、感染症内科だけで診ればいいのではないか」といわれたり、僕が近づくとドアを閉めて避けられるということもありました。

　新型コロナに対する理解は病院の中ですらそのような状況なのに、社会全体がこの病気を適切に理解できるわけもなく、多くの偏見や勘違いによる過剰な感染対策が拡がっていきました。そんな中で、何か自分にできることはないかと思い作成し、WEBで公開した資料が「新型コロナウイルス感染症に対する学校の感染対策」です。学校での感染対策について、教育現場の先生方にできるだけわかりやすくなるように作成しました。多くの方に関心を持っていただき、丸善出版をはじめ多くの関係者の方のご協力を得て第1版『新型コロナウイルスに対する学校の感染対策』を上梓することができました。

　あれから3年。多くの変化もありながら、新型コロナはついに5類感染症となりました。いよいよ「普通の感染症」となり、学校における感染対策も徐々に緩和されていきます。

　さて「普通の感染症」とは何でしょうか。そもそも新型コロナは**5類になったからといって病原性が変わるわけではありません**。何が変わったのかというと、「医療の現場も学校現場も含めて、社会全体がこの感染症と戦えるようになった」ということです。「ウイルスの動態の理解」「治療法」「ワクチン」「医療行政」、そして「感染対策」に至るまで、多くのことに対応できるようになりました。まったく感染しなくなったわけではありませんし、これからも感染して重症化する方やお亡くなりに

なる方は少なからずいらっしゃると思います。

「普通の感染症」というのは、「誰もがいつでも受診でき、適切な治療を受けることができる病気」だと思います。特定の疾患だからといって医療機関で避けられることも、拒否されることもない、適切な対策をしながらきちんと診療を受けられる病気です。

新型コロナが5類感染症へ移行したことで、学校においても感染対策が緩和されていくものと思います。黙食やマスク着用の義務も解除され、多くの学校行事が可能となっていきます。それはとても喜ばしいことですが、**感染対策を全て忘れていいということではありません**。感染対策は新型コロナだけに対するものではありませんし、学校という集団生活の場では、子ども達を感染症から守ること、感染症の怖さをきちんと伝えることもまた教育の1つと思います。新型コロナの出現は感染対策をしっかりと考え直すきっかけになったのかもしれません。

第2版となる本書では、新設章として「ワクチン」と「『感染しない』よりも『感染させない』対策」と、5類への移行にともない改正された「学校保健安全法」についてのコラムを追加しました。そして、基本的な感染対策の考え方を取り入れながら現在の状況にあわせた新型コロナの対策について解説しています。子ども達を守るために尽力されてきた学校の先生方に少しでもお役立ていただければ本望であり、これに勝る喜びはありません。願わくは、今の子ども達が将来また新しい感染症と遭遇したときに、偏見を抱いたり過剰な対応となることなく全ての方が適切な感染対策ができるように、感染対策の基本的な知識を受け継いでいっていただければと思います。

令和5年5月吉日

初夏の木漏れ日の入るよく換気された自室にて

武藤　義和

目　次

コラム一覧

第1部
感染症を知る

1. 新型コロナウイルスを
おさらいしましょう

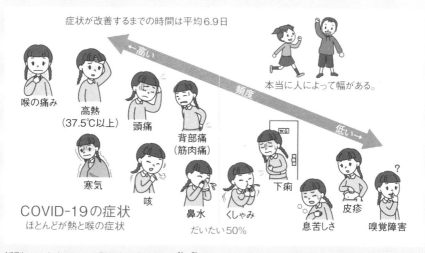

症状が改善するまでの時間は平均6.9日

本当に人によって幅がある。

喉の痛み

高熱
（37.5℃以上）

頭痛

背部痛
（筋肉痛）

寒気

咳

鼻水

くしゃみ

下痢

息苦しさ

皮疹

嗅覚障害

COVID-19の症状
ほとんどが熱と喉の症状

だいたい50%

新型コロナウイルス感染症の主な症状[1]〜[3]

感染症って、何だ？

　学校生活をしていると、「インフルエンザ」「風邪」「ノロウイルス感染症」「麻疹」「病原性大腸菌O-157感染症」「マイコプラズマ肺炎」など、いろいろな感染症にかかる子どもが出てきます。教育現場でも毎年インフルエンザで学級閉鎖になったり、ノロウイルスによる胃腸炎が流行したりで大変だと思いますが、感染症というのは、人間の歴史の中で最も古くからある病気であり、最も多くの人間の命を奪ってきた病気でもあります。原始時代はちょっとケガをしただけでも**破傷風**で亡くなったり、江戸時代でも数十年に1回くらい**麻疹**が大流行して子どもを中心に多くの人の命が奪われたりしていました（当時麻疹は「命定め」と呼ばれていたほどです）。海外では14世紀に**ペスト**で2億人が亡くなったり、1918年の**スペイン風邪**では5,000万人が亡くなったりと、じつは年齢・性別・基礎疾患、何も関係なく、最も身近な病気なのです。つまり、病原体は「人を選ばない」ので誰もが罹患するのです。

◆感染症の怖さを適切に知ろう

　「感染症の何が怖いか」というと、その致死率もそうですが「人にうつすこと」です。自分ががんや糖尿病になっても、家族や友人まで同じ病気になることはそうそうありません。でも、感染症の場合はまたたく間に拡がっていきます。それは身のまわりの人だけにとどまらず、都道府県境も越えて、さらには国境をも越えて、世界中に拡がります。現在日本は世界で最も公衆衛生が進んだ（衛生環境の整った）国の1つであり、感染症よりも生活習慣病のほうが注目されていますが、ひとたび世界に目を向けると、毎年マラリアで50万人、エイズで100万人、結核で150万人が亡くなっています。日本は衛生管理のいきとどいた国であるがゆえに、感染症に対する実感や危機感がともすると希薄になりがちです。

　今回、新型コロナウイルス（以下、新型コロナ）というスペイン風邪以来、じつに100年ぶりとなる世界的なパンデミックの危機に日本も巻き込まれ、「感染症がいかに怖いものか」を改めて知ることになったと思います。ただ、感染症は適切な感染対策をきちんと行うことで、その拡がりの多くを抑え込むことができます。子どもたちを預かる教育現場は集団生活が多く、新型コロナを含めた感染症が拡がりやすい環境にあるため、本書を通して新型コロナを適切に理解し、適切に恐れ、そして適切に付き合っていければと思います。

新型コロナって、どんな病気？

　2019年12月、中国の武漢で肺炎の患者が発生しました。当初はクラミジア肺炎という一般的な細菌性の肺炎と思われ、一般的な肺炎治療をされていました。そうこうしているうちに、また同じような肺炎の患者があらわれ、その数は27人に上り、そのうち7人が重症の肺炎でした。これは不可解であるということで、中国は国内外に感染症の発生を報告したのです。その1週間後には倍以上の感染者が報告され、WHO（世界保健機構）もただごとではないと調査に乗り出し、2020年1月9日に「この肺炎は新型のコロナウイルスによるものである」ことが明らかになりました。これが新型コロナの最初の報告です。その後、武漢では驚くべき速度で感染者が増加し、1カ月後には10,000人を超える感染者が発生しました。また、中国の旧正月である「春節」の時期と重なったこともあり、国外へ移動する人も多かったことからあっという間にパンデミックをきたしたのは比較的記

憶に新しいと思います。

◆コロナウイルスって、何？

　もともとコロナウイルスは、太古の昔から風邪のウイルスの1種として知られていました。

　風邪にはウイルスや細菌などいろいろな原因がありますが、90％はウイルス由来といわれています。そのウイルス由来の風邪の中で15〜20％くらいがコロナウイルス由来ではないかといわれています。人間に感染するコロナウイルスは、もともと4種類ほどが知られていたのですが、21世紀になり、2003年の**SARS（重症急性呼吸器症候群）コロナウイルス**、2012年の**MERS（中東呼吸器症候群）コロナウイルス**のように動物由来の新しいコロナウイルスがあらわれ、今回新たに人間に感染する7番目のウイルスとして、**新型コロナウイルス**［SARS-CoV-2（サーズコロナウイルス2）といいます］があらわれました。

　なので、一般的にこの新型コロナは風邪と同様の症状を引き起こします。つまり、**発熱と咳、咽頭痛**が主な症状で、ときに下痢や頭痛、若い人だと嗅覚・味覚障害を起こすという特徴があります（章冒頭イラスト）。ただし、初期のものと比べて嗅覚・味覚障害の頻度は大きく下がっています。そして何といっても「この病気は無症状の人が20〜30％くらいいる（場合によってはもっと？）」といわれています。インフルエンザウイルスの感染者でも10〜30％くらいは無症状といわれていますので、無症状感染者の存在自体は珍しいことではなく、むしろ結構多いのかもしれません。「知らないあいだに感染して、知らないあいだに治っている」ということです。一見すると「じゃあ心配ないじゃん」と思われそうですが、問題は無症状の人がほかの人にうつしているということです。このことが今なお感染の拡大を止められないという事態につながっているのです。全員が無症状なら、どれだけうつっても何も怖くないのですが…。

　今なお続く新型コロナ感染症ですが、国内での感染が報告されてからあっという間に3年が経過し、多くの理解が進むと同時に、さまざまなことがめまぐるしく変わってきました。そしてついに5類感染症になるにあたりまず一番知っておいていただきたいのは、新型コロナ感染症は、2020年と2023年で全く違う病気に変わっている！　といっても過言ではないということです。どういうことなの

か、詳しくみていきましょう。

　どんなウイルスでも「**変異**」というものを起こします。インフルエンザもそうですが、人間を含め宿主の世界に調和するために少しずつその形を変えてモデルチェンジを繰り返すのです。そうしてちょうどいい塩梅の形になって宿主と共存することができるようになります。病気が重すぎたらあっという間に宿主を絶滅させてしまい拡がることができないし、自分が弱すぎると今度は宿主の免疫にやられてしまいやはり増えることができません。どちらにかたよってもいけないのですね。じつは人間に感染することができるほかのコロナウイルスも元々は強毒性であり、何十年、何百年もかけて弱毒化してきたのではないかともいわれています。

　「えっ？　ウイルスって脳ミソないのにそんな器用なことができるの？」と思われるかもしれません。もちろんウイルスが自分の意志で体を改造しているわけではありません。同じ新型コロナでも何千、何万ものウイルスがおり、宿主の体内で増殖するときにちょっと姿が変わってしまうものも次々に登場します。多くの場合、そういったウイルスは変わってしまった部分が弱点になってしまって、うまく増えることができずに淘汰されていきます。しかし、ときにいい塩梅のウイルスが生まれることがあります。ウイルスは増えることが最優先事項ですので、当然ウイルスにとっての「いい塩梅」というのは、「次から次へとうつることができる」ということです。つまり、人への毒性は強すぎず弱すぎず、そして従来の株を駆逐するほどの勢いで拡がることができる強い感染力をもつということです。結果的に弱毒かつ感染力の強いウイルスができあがり、それを繰り返すうちに、うまく共存できるようになるのですね。

　ただしこれは通常は何十年、あるいは何百年もかかって起こることであり、ウイルスがいい塩梅の変異を遂げるまでのあいだにおそらく何万人もの人が亡くなってきたのだと思います。では、私たち人はウイルスが弱毒化するのをただだ待っているしかないのでしょうか。そうではありませんね。強毒性のウイルスに対する「抵抗力」をつければいいのです。「抵抗力」つまり個人レベルなら治療薬、そして集団レベルならワクチンがその代表です。これらの使用により、ウイルスの増殖が一気に抑えられて増えることが難しくなります。そして、それらをすり抜けてでも拡がれるような弱毒かつ感染力の強いウイルスのみが残っていく。そうしていい塩梅になる。というわけですね。

今、わたしたちは治療薬とワクチンを既に手に入れています。人類が今回の新型コロナに対して免疫力を持つことで、ウイルスの挙動は大きく変化しました。その結果生まれたのがオミクロン株です。詳細は後述しますが、オミクロン株はデルタ株以前と比べて感染力も毒性も、ワクチンや治療薬の有効性までもが大きく異なります。ココが大事なポイントです！　オミクロン株こそが現在の新型コロナウイルスであり、デルタ株以前のものはもはや旧型コロナウイルスといっても過言ではないのです（2023年4月時点）。おそらくデルタ株以前のものはオミクロン株の拡大するスピードについていけず、しかもワクチンで強力に抑え込まれたため、もはや人間社会でお目にかかることもなくなってしまいました。ウイルスは日々アップデートしていますので、2020年のパンデミック当初に私たちの社会にいたものとは大きく変わっています。少しずつ変わっていった結果、名前は同じでも初期のものと全然違ってしまうものはたくさんありますね。新型コロナがどのように変化したのか。必要な感染対策は変わるのか。わたしたちも情報をアップデートしていきましょう。

◆変異のおさらいをしましょう

　2019年、中国武漢にて報告された新型コロナ感染症の最初の株は武漢株とはいわずにoriginとかwild-type、起源株と表現されます。その後イギリスから報告されたアルファ株、インドから報告されたデルタ株、そして南アフリカから報告されたオミクロン株というように次から次へと変異をしており、その都度病気の症状も変わってきました（**表1**）。

表1　新型コロナウイルス変異株一覧

	起源株	アルファ株	ベータ株	デルタ株	オミクロン株
報告した国	中国	英国	南アフリカ	インド	南アフリカ
主な変異	—	N501Y	N501Y E484K	L452R	N501Y E484A
系統	—	B.1.1.7	B.1.351	B.1.617	B.1.1.529
報告時期	2019/12	2020/9	2020/5	2020/10	2021/11
感染力	—	↑	↑	↑↑	↑↑↑
重症度	—	↑	↑↑	↑↑	↓
ワクチンの効果	あり	あり	あり	あり	低下

変異というと、生じるのはごくわずかと思われるかもしれません。でもじつは変異をするだけならいつも何度でもしているのです。ギリシャ文字がついた変異も2022年10月現在で10種類以上あり、名前のない変異は何十種類も認められています。その変異したウイルス達が日夜、人という宿主の体内に入り込むべく、椅子取りゲームを繰り返しているのです。つまりその椅子取りゲームで勝ったもの（感染力が強いもの）だけが総取りできる（感染を拡大できる）というわけですが、変異のたびに感染者は増加し、やがては頭打ちとなります。

◆死亡率について

死亡率も大きく変化しました。初期の株やアルファ株、デルタ株まではかなり高く、当時の死亡率は感染者全体の2%前後でした（**図1**）。さして大きな数字でもないようにみえるかもしれませんが、季節性のインフルエンザで0.1%以下です。65歳以上ではさらに亡くなる人が増え5%、80歳以上ともなると10〜20%が重症化して亡くなるといわれています。この重症化する世代群は、多くの場合は発症から1週間ほどたった頃に、**呼吸困難**や**意識レベルの低下**など症状の急激な悪化を示します。また、**肥満（BMI＞30 kg/m^2）**や症状の管理が難しい**糖尿病**がある方なども重症化しやすいようです。

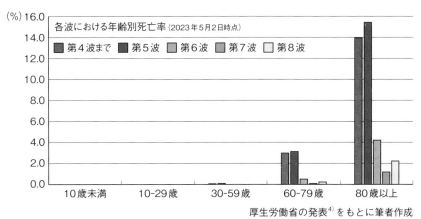

厚生労働省の発表[4]をもとに筆者作成

図1　感染拡大時の年齢別死亡率（第4〜第8波）

一般的な肺炎における高齢者の死亡率は、80歳以上の方は20〜30%くらい、

SARSで30％[5]、MERSに至っては45％[6]になりますので、高齢者の肺炎としては新型コロナの死亡率は確かに"普通"です。しかしここで問題なのは感染を拡大する力が異常に強いということです。「肺炎は老人の友」といわれるくらい肺炎は高齢者にありふれた病気ではありますが、短期間でこれほどまでに拡がることはあり得ませんし、そもそも人にうつすことも稀です。新型コロナ流行前の日本では、毎年10万人前後の方が肺炎で命を落としていましたが、高齢者の5人に1人が亡くなる病気が拡がったらどうなるか、想像するだけでも恐ろしいです。世界ではいろいろな感染症が流行を繰り返していますが、医療が発達した現代で単一の病原体がこれほど多くの患者数と死者を出すという事態は、少なくとも戦後の日本では起きたことがありません。

　それがオミクロン株の登場でどうなったでしょうか。図1からもわかるように、全体の死亡率は0.05％前後にまで低下し、子どもでは0.001％、80歳を超える高齢者でも1％くらいにまで死亡率が低下しています。さらに高齢者でも体力のある方であれば入院することもなく回復できるところまできました。インフルエンザの死亡率はアメリカのデータでは全体で0.1％、子どもでは0.005％前後、65歳以上の高齢者で0.8％といわれておりますので、高齢者の劇的な死亡率低下のみならず、子どもにとってはインフルエンザよりも死亡率が低い疾患といえるところまできています。後遺症などの問題も指摘されていますが、「命に関わるか」という点だけに注目すれば、インフルエンザや風邪などに近いところまできたという認識でいいと思います。じゃあ何が問題なのかというと、この病気の非常に強い感染力です。

◆感染力は？

　「なーんだ、もうほとんど死なないんだから、たいしたことないじゃん！」と思ってしまう方もいるかもしれませんが、この病気の最もやっかいなところは、その「感染力」です。

　感染力は R_0（アールゼロ、**基本再生産数**）という数字であらわされます。これは「1人の感染者が何人の人に感染させるか」をあらわす数字であり、もともとは「女の子が何人産まれるか」をカウントして人口増加を評価する指標として使われていました。ざっくりいうと、ある国で「すべての夫婦が子どもを1人しか作らない」状況が続けば時代を経るほど人口は減り、「すべての夫婦が子どもを3人

作る」ならば人口は増えていくだろうという理屈です。感染症も同じで、「何人に感染させるか」の指数（R_0）が1を切ったら自然に収束すると考えます（ただし、実際の現場では変動するので**実行再生産数**という指数を使います）。R_0は、たとえば**麻疹**だと12〜18、おたふく風邪は4〜7、インフルエンザは2〜3くらいであり、初期の**新型コロナ**はだいたい**1.4〜2.5**くらいと考えられていました。つまりインフルエンザとほぼ同等ということですね。

　特段の感染対策をしていなかった2018年までの日本では、インフルエンザは年間1,000万人以上の人が感染していたといわれます。となると、新型コロナも放っておけば1,000万人が感染する計算になり、死亡率2％としても20万人が亡くなる計算です。

　それがデルタ株になったらさらに感染力が強くなり、R_0は5前後まで上昇しました、つまり初期株の2〜3.5倍程度となります。そしてオミクロン株になるとR_0は9.5ということでデルタ株と比べても2倍前後（初期のものと比べると3.8〜6.7倍）の強さとなっています[7]。

　死亡率は劇的に低下しましたが、感染力はドンドン強くなり、しかもどこからともなく感染する。死亡率や入院率が10分の1になっても、患者数が10倍になれば何の意味もありません。そのため感染を拡げないこと、つまり感染対策がとても大事なのです。

　感染対策をするためには感染経路を学ぶこととあわせて、「いつからいつまで感染させるか（感染させうる期間）」を知ることも重要となります。

◆**感染期間**

　さて、新型コロナの感染力はわかりましたが、いつからいつまで感染させるのでしょうか？　感染症というのは、その症状や死亡率はもちろん大事ですが、さらに重要な項目として「潜伏期間」と「感染させうる期間」があります。

　①**潜伏期間**：感染から発症までの期間
　②**感染させうる期間**：ほかの人へ感染させる可能性がある期間

　まず、①**潜伏期間**からみていきましょう。感染症は感染した瞬間に発症することはありません。「感染タイミング≠発症タイミング」です。たとえば、お昼に

腐ったおにぎりを食べると、ブドウ球菌のせいで腹痛と下痢の症状が出るのは数時間後です。鳥刺しを食べてカンピロバクターに感染したら、2日後くらいに下痢をします。結核などは、数十年先まで発症しないこともざらです。

初期の新型コロナの潜伏期間は、だいたい4〜7日間（最大14日程度）でした。これがオミクロン株では大体3〜5日（最大7日程度）に短くなっています。

つまりオミクロン株なら、今日感染すると発熱や咳が出始めるのは3日後くらいです。しかも感染してもなんの症状もなく、全くの無症状で過ごす人も20〜30%くらいいます。

②**感染させうる期間**はどうでしょうか。病気というと発熱や咳などの症状が出てからほかの人にうつすと思われがちですが、この新型コロナは発症する1〜2日前から感染力があり、発症してからだいたい5〜7日間くらい感染力を維持するようです。ということは、発症前の全く無症状のうちに人に感染させる可能性があるということです。これはとても大事なことです。「発症する前に」人にうつすということは、今日一緒にご飯を食べた友人が明日発熱したら、あなたも感染している可能性があるわけです。だからこそ感染対策を開始するタイミングをしっかり考える必要がありますね。

ここまでお伝えしてきたとおり、このオミクロン株になってから、重症化率も感染力も感染させる期間や発症までの時間も大きく変わっています。ウイルスの振る舞いが今までと全く違いますし、ワクチンの有効性も変わっており、やはり「もう違うウイルスと思ってもいい」と考えます。ただし、「ウイルスの特徴をつかみ、どういう対応をすればよいか」をきちんと考えるという点は変わりません。まさに「敵を知り己を知れば百戦危うからず」です。

また、変異を繰り返しても変わらなかったこともあります。それは**感染経路**です。感染経路だけは初期から全く変わっていません。従って感染対策も全く変わっていないのです。それでは、このウイルスと引き続きどのように闘っていくのかを次の章から具体的にお話ししていきましょう。

コラム　そもそもウイルスって何？

　ウイルス (virus) という用語はラテン語で「病毒」という意味で、語源からしていやなイメージです。インフルエンザしかり、新型コロナしかり、「どう転んでも悪い奴」と古くから考えられてきたようです。でもどうやら、このウイルスというものは30億年前から存在していたようで、むしろ人間のほうがあとからやってきたストレンジャー (よそもの) であり、ウイルスからすれば「あとから来たくせに何だよ」と思っているかもしれません。

　世の中には、私たち人間のようにたくさんの細胞でできた生物もいれば、細菌のように10 μm (マイクロメートル) くらい (1 mmの100分の1) のとても小さな生物もいます。ウイルスはだいたい0.1～1 μm (1 mmの10,000分の1～1,000分の1) ぐらいのサイズです (図2)。

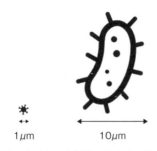

1μm　　　　10μm

図2　ウイルスと細菌の大きさの違い

　ところで、そもそもウイルスとは生物なのでしょうか。生物の定義は学者によって変わるのですが、だいたい以下の通りです。

・細胞のように外界と分離されている
・代謝が行われている
・自己複製が行える

　細菌も寄生虫も生物ですが、この定義ではウイルスは微妙な位置づけです。ウイルスは「自分を増やすことはできるけれど、自分たちだけで増えることができない」のです。ではどうやって増えるのかというと、自分の遺伝子を他者の細胞に潜り込ませて増殖します。つまり勝手にひとの工場に入り込んで、勝手にシステムを変更して自分の複製をつくらせるわけです。代謝があるわけでもなく、ただ他人を使って自分自身を増やさせるだけ。「それ

じゃあウイルスって、何のために存在するの？」「病気だけをまき散らして嫌がらせなの？」と思われそうですが、ウイルスにもいろいろな種類があります。悪い病気を引き起こすウイルスもいれば、遺伝子を運ぶ役割をもつウイルス（ウイルスベクター）も存在します。意外ですが、人間の遺伝子内で、ウイルス由来である部分も多くみつかっています。

　それどころかウイルスのおかげで人間も進化してきたという話もあるくらいで、近年では病気の治療に役立つ善玉ウイルスの研究も進んでいます。近い将来、ウイルスを使った治療法も出てくるかもしれません。

【まとめ】
- 新型コロナは風邪の症状を起こすウイルスの仲間である
- 「発熱」や「咳」、「咽頭痛」、「嗅覚・味覚障害」などで発症する
- 感染して発症するまではだいたい3〜5日間程度、最長7日間くらい
- 感染した人のうち2〜3割くらいは全く症状が出ない
- 特に若い人ではほとんど症状がなく、あっても軽微
- 65歳以上の人や高度な肥満、糖尿病の人は重症化するリスクがある
- 発症した人がほかの人に感染させるのは発症1、2日前〜発症後5日間くらい

- 文　献

1）Iacobucci G. BMJ. 2021；375：n3103.
2）Ong SWX, Chiew CJ, et al. Clin Infect Dis. 2022；75（1）：e1128-36.
3）Brandal LT, MacDonald E, et al. Euro Surveill. 2021；26（50）：2101147.
4）厚生労働省（https://covid19.mhlw.go.jp/）
5）Cao B, Liu ZY, et al. Zhongguo Yi Xue Ke Xue Yuan Xue Bao. 2003；25（5）：547-9.
6）Ahmed AE. BMC Infect Dis. 2017；17（1）：615.
7）Liu Y, Rocklöv J. Journal of Travel Medicine. 2022；29（3）：taac037.

2. なぜ予防が大事なの？

インフルエンザワクチンの間接効果[1]

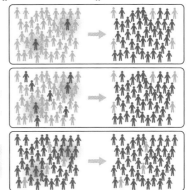

🚶 ワクチンを打っていない人　🚶 ワクチンを打った人　🚶 インフルエンザの人

ワクチンを打っていない集団に数人の感染者が
出ると、一気にみんなに拡がっちゃう

ワクチンを打つ人が少しいると、その人たちだけ
が感染を予防できる

ワクチンをみんなが打つと、アレルギーなど
いろいろな理由で打てない人も守られる！！

自分がワクチンを打つことで、まわりのみんなを守れます。ぜひ打っていきましょう

感染症は予防できる病気

　新型コロナウイルス（以下、新型コロナ）感染症だけでなく、インフルエンザ
やノロウイルス、ロタウイルスなどによる胃腸炎も含め、感染症というのは、あ
る意味特殊な病気です。何が特殊かというと、皆さんが病気になったとき、たと
えば「がん」や「糖尿病」「脳梗塞」を発症したとしても、家族やまわりの人にその
病気がうつるでしょうか。

　確かに、家族のように同じような食生活をする集団であれば同じ病気になるこ
ともありえますが、通常はほかの人にうつることはありません。

　しかし感染症はうつりますし、「原因」と「結果」がはっきりわかります。感染
したということは、どこかに必ず感染の原因があるということを意味します。が
んや糖尿病に生活習慣が関係しているとはいえ、通常「あのときのアレが原因で
す」とはっきりいえる例はめったにありません。

　でも感染症は「原因」がはっきりしているため、「予防」することが可能です。

予防することで「自分がかからない」だけではなく、「まわりの人を守る」ことにもつながります。これが、感染症の**予防が大事**である理由なのです。具体的にどういうことなのか、詳しくみていきましょう。

自分を守って、みんなも守る

　ここに2つのグラフがあります（図1）[2]。これは、アメリカと日本におけるインフルエンザのワクチン接種の影響を表したものです。

　インフルエンザワクチンは、日本ではもともと子どもに定期接種されていたワクチンで、1960年代から接種が始まりました。しかし、1980年代くらいから「子どもたちに強制的にワクチンを打つのは人権侵害である」といった声が高まり、さらに「ワクチンの効果は期待できない」とする論文[3]まで発表されました。いつの時代もワクチンの是非は議論されます。それらの影響から、1980年代後半からワクチンの接種者が減っていき、1994年には「**定期接種**」ではなく「**任意接種**」となりました。図1の日本の1994年前後を見てみると、ワクチン接種量を示す灰色のバーはきれいに下がっていますね。その後を一緒にみていきましょう。

　同じく、1994年前後をみると赤と黒の折れ線グラフの山が大きくなっています。これは「インフルエンザによる高齢者の死亡者数」が増えたことを示しています。比較として、定期接種を継続しているアメリカはどうでしょうか。グラフの右縦軸は、日本はワクチン接種量を、アメリカはワクチン接種率を示していますので単純比較はできませんが、アメリカの折れ線グラフには日本ほどの大きな変化はありません。日本では子どもたちがインフルエンザワクチンを打たなくなったことで多くの高齢者が亡くなっていたのです!!　その一方、接種が継続されたアメリカでは高齢者の死亡は抑えられていました。

　これをワクチンの「**間接効果**」といいます。「風が吹けば桶屋が儲かる」ということわざのように、インフルエンザのワクチンを子どもたちが打たなくなったことで、インフルエンザにかかる子どもが増えました。そしてインフルエンザにかかった子どもが同居するおじいちゃんやおばあちゃんに感染させて拡がったのです。子どもに比べ体力のない高齢者がインフルエンザにかかることで、不幸にも命を落とす高齢者が増えてしまったというわけです。

A

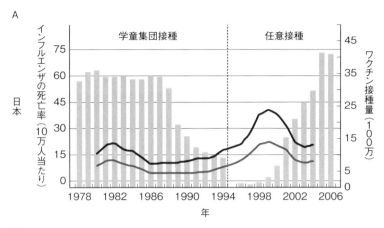

B

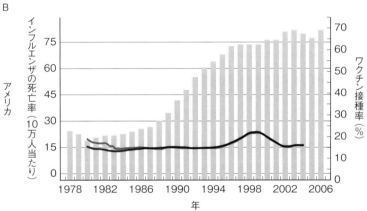

図1　1978～2006年の日本（A）とアメリカ（B）における65～89歳のインフルエンザによる死亡率[2]。
■：調整前の死亡率、■：調整後の死亡率、灰色のバー：年ごとのインフルエンザワクチン接種量

　逆にいえば、感染症は予防することで自分の命だけでなく、**まわりの大事な人の命を守ることもできる**のです。だからこそ、予防は本当に大事なのです。

感染症の流行で経済にもダメージ！？

　感染症が流行すると、経済にも大きな損失が出るとされています。インフルエンザでは、休業や生産性悪化により毎年6,000億円以上の経済損失が発生してい

るという試算もあります（関西大学プレスリリース）。新型コロナに関しては、2020年の時点で日本だけでも数兆円以上の大規模な経済損失になるという報道もありました（日本経済新聞2020年9月26日）。

　感染症の大きな流行はこのように経済にも大きく影響し、それによって失業する人や感染症以外のさまざまな病気になる人、命を失う人も出てきます。このことからも、感染症の発生を個人レベルから集団レベルまで予防によって未然に抑え込むことが重要になります。

予防って、どうすればいいの？

　ただ、「感染症の予防をしましょう」といっても、具体的に何をすればよいかわかりませんよね。

　新型コロナに関しては、「ソーシャルディスタンス」や「テレワーク」が推奨され、「3密を避ける」「5つの小」などの「**新しい生活様式**」が提唱されました。これらは、「新型コロナがどういう感染経路をもっているのか」、そして「それに対してどういった対応をすることでリスクを減らすことができるのか」を勘案し提案された対応策なのです。

　新型コロナ対策としての新しい生活様式をみてもわかるとおり、一番有効なのは「とにかく人と会わないこと」です。感染症ですから、人里離れた山の中にこもっていれば、新型コロナをはじめ、おそらく多くの感染症に罹患することはないでしょう。でも、アリストテレスもいうように、人は社会的な動物です。1人では生きていけないのです。ですから、あくまで現代の生活と感染症の流行状況に合わせて社会生活は維持しつつ、現実的な感染予防の方策として、「**人との接触を減らすこと**」と「**感染リスクを減らすこと**」のバランスが重要となります。

　具体的にどのようにリスクを減らしていけばよいのかは、**第2部以降**で詳しくお話ししたいと思います。

勘違いのリスク対策

◆リスクは「0」にはできない

　これから本書では、リスクという言葉をたくさん用います。「リスク」とは「不利な事象が起こる可能性」を意味し、本書では「感染症にまつわる範囲でわれわれにとって不利な事象が起こる可能性」という意味で登場します。しかし読者の皆さんもご存じの通り、この「リスク」という言葉は感染症の話題のときにだけ使われるわけではありません。

- 「車にひかれるかもしれないから外に出ないようにしよう」
- 「フラれるのはいやだから告白しないでおこう」
- 「もしものときのために保険に入っておこう」

などなど、これらはすべてリスク回避のための行動です。

　どのような場面であれ、リスクはできるだけ下げたいものですが、「0」にすることはできません。生活習慣病だって、規則正しい生活と健康的な食事をしていくらリスクを下げたつもりでも、発症する人は「0」にはなりません。同様に新型コロナもどんなに気をつけて生活していても、かかってしまう人はいるわけです。

　「そんなの、本人が感染リスクを高める行動をしたんじゃないの？」と非難したり、誹謗中傷をしたりする例も見聞きしましたが、これはやめておきましょう。だって、どこに感染者がいるかはわからないし、誰が感染力のある状態かもわかりません。症状がないだけで自分が感染しているのかもしれませんしね。残念ながら知らないあいだに誰かにうつしてしまっている可能性だって完全に否定することはできないのですから。特にオミクロン株が流行した2022年の夏の日本はたった2カ月で、概算にして1,000万人以上が感染していました。もちろん症状があって検査した人の人数ですから無症状者を含めればさらに多くなります。

　オミクロン株の出現によって誰が感染しても、誰から感染してもおかしくない状況となっています。また、5類への移行にともない感染対策も緩和されていきますが、新型コロナの感染力や病原性が低下するわけではありませんので、今後

は個々の対策が大切になります。

◆非難する人たち

　感染拡大当初、帰省したら、「東京から来るな！」という貼り紙をされたという
ニュースもありました。Go To キャンペーンを利用して旅行にいったものの、
「県外の方お断り」の貼り紙のあるお店があったという声も聞きました。個人的
な考えですが、このように感染者を攻撃してしまう（あるいは排除する）人たち
には2種類あると思います。1つは「もともと多くのものに差別的な傾向がある
人」、そしてもう1つは「新型コロナを正しく理解できていない人」です。

　前者はいうまでもなく、新型コロナが怖いのではなく、単に他人のことを悪く
いってしまいがちな人であり、その動機は人によってさまざまでしょう。残念な
がら、このような方たちが一定数存在するのは確かです。新型コロナが始まって
3年経ってもなお、何かを否定せずにはいられない、何かに対して攻撃的な反応
をしなければ気が済まない。そういう人は一定数存在します。

　悩ましいのが後者です。誰だって新型コロナにかかるリスクは低ければ低いほ
どよいと思うでしょう。特に新型コロナは高齢者ほど重症化の可能性があるた
め、高齢者だけでなく、高齢者に接する機会が多い人も心配になると思います。
人は不安になるとその不安を簡単に解決してくれる方法に救いを求めたくなりま
す。その結果、「コロナはただの風邪！」「予防には○○が有効！」のような情報に
飛びつきたくなります。早く安心したいという気持ちは誰もがもっていますし、
仕方のないことかもしれません。しかし残念ながらそんな魔法のような対策は存
在しませんね。それに、本当の安心や安全は、正しく理解することからしか得ら
れません。そしてそれは「嫌なこともよいこともきちんと理解して受け入れる」
ことから始まります。

　病期については**第1章**でお話ししました。感染したからといって必ず命にかか
わるということではありませんし、オミクロン株は前述の通り、きちんとした対
応ができていれば、命に関わるリスクはむしろインフルエンザよりも低いです。
もっと怖い病気はほかにもたくさんあります。怖いものには近寄りたくない、よ
くわからないものは避けたいという思いは誰もがもっていますが、何かを攻撃す

ることでは解決しませんし、楽に解決する方法もありませんね。「正しく理解して正しく恐れる」ことは地味だし、楽しくもないけれど、自分を理論的に落ち着かせるための唯一の解決策なのです。

　特に最近はあまりにも多くの情報が溢れていて、何を信用していいかわからないのではないかと思います。だからこそ、きちんとしたところから情報を入手すること、つまり情報収集能力や、嘘を嘘と見抜く力が大切です。これも学校で是非とも子どもたちに伝えてもらいたいです。

◆正しく恐れるために

　ウイルスは目にはみえません。特にパンデミックのような流行状態においては24時間365日、適切に必要十分な感染対策をしっかりすることが最も重要です。誰が持ち込んだとか、感染者が多い地域から来た人を排除するといったように表立って非難したり追い込んだりすることにはあまり益がありませんし、感染予防の効果もほとんどありません。

　感染が拡大した初期の頃は「施設やお店の名前を知ることで、そのあたりに近寄らないようにする」といった報道もされていました。みなさんはもし家の近所でクラスターが発生したら引っ越しますか。いやいや、そんなことはしませんよね。そもそもクラスターが発生した施設やお店は、保健所によってすでに徹底的な隔離と感染対策が施されるため、報道される頃には感染リスクは大きく下がっているともいえるのです。また、クラスターの場所を知ったからといって感染リスクが減ずるわけでもありません。個人個人がやらなければならない感染対策はもっと別のところにあります。

　結局、上記のように過剰とも思える反応をしてしまう人がいるのは、「関心があるからこそ」なのだと筆者は考えています。新しいウイルスとそのウイルスが引き起こす病気について、わからないことが多く「なんだか怖い」だけなのだと思います。「漠たる不安」というやつです。だからつい攻撃的になってしまうのではないでしょうか。でもウイルスや感染症の特徴をきちんと理解することで適切な対応をとることができ、予防することができるのです。漠然とした不安や恐怖を少しでも軽くするためにも、また子どもたちや先生自身のためにも、本書でウイルスや感染症のことを知り、適切な感染対策と考え方を理解していただけれ

ばと思います。ここでの大事なポイントは次の3つです。

- 科学的根拠にもとづいて理解し、適切に恐れよう
- 1つの行動がその後の感染対策を変えるか考えよう
- 「なぜ」を理解して、将来にも役立つ感染対策を身につけよう

具体的な感染対策については、**第2部**から場面ごとにみていきましょう。

 ## コラム　感染症って、いつから「感染症」？

　「感染症は、細菌、ウイルス、寄生虫といった**病原体**によって引き起こされる」ということは、今でこそ常識ととらえられていますが、このことがわかったのは、じつはたかだか200年くらい前のことです。

　今から約2400年前、ヒポクラテスの時代から結核はありましたが、当時は「咳が続いて、どんどん痩せ細っていく病気」という認識でした。そして感染症ですから、家族内でも感染者が出るのですが、なぜ家族内で感染者が増えるのかわかっていませんでした。「悪魔の仕業である」「遺伝的要因である」「何やら悪い空気が運ばれている」といった抽象的な形で伝染すると考えられていたのです（ちなみに、「伝染病」と「感染症」という言葉の違いですが、「菌などから感染して発症する病気」を「感染症」、「人から人へ感染する病気」を「伝染病」と定義し、使い分けていた時代がありました。しかし現代では、どちらの場合も「感染症」とよばれています）。

　細菌が感染症を起こすことがわかったのは200年くらい前です。そしてウイルスも感染症を起こすことがわかったのは、せいぜい70年ほど前のことです。ずっと昔から感染症は人間社会に巣くっていたのに、正体が判明するまでにものすごい時間がかかったということですね。

【まとめ】
- 「原因」と「結果」がはっきりわかる感染症は予防できる
- 予防によって、自分が感染症にかからないだけでなく、まわりの人も感染症から守ることができる
- 社会生活を維持しつつ「どこまで感染症のリスクを減らせるか」のバランスが重要
- 誰かを非難したり追い込んだりすることは、有効な感染対策ではない
- 病気を適切に理解して、適切な感染対策を身につける！

- 文　献

1) National Institutes of Health.（https://www.nih.gov/about-nih/what-we-do/science-health-public-trust/perspectives/science-health-public-trust/building-trust-vaccines）
2) Charu V, Viboud C, et al. PLoS One. 2011; 6 (11): e26282.
3) 由上修三. トヨタ財団助成研究報告書1987.

3. 新しいウイルスが入ってくると どうなるの？

ヒトに感染するコロナウイルスの特徴

病名	通常の風邪	重症急性 呼吸器症候群 SARS	中東 呼吸器症候群 MERS	新型コロナウイルス COVID-19 オミクロン株
ウイルス名	229E、OC43、 NL63、HKU1	SARS-CoV	MERS-CoV	SARS-CoV-2
感染源	不明	コウモリ、 ハクビシン	ラクダ （1歳以下）	コウモリ？
感染経路	接触・飛沫感染	接触・飛沫感染	接触・飛沫感染	接触・飛沫感染 マイクロ飛沫感染
潜伏期	2〜5日間	2〜7日間	2〜14日間	3〜7日間
症状	インフルエンザ様の症状で発症、発熱、咳、息切れ、呼吸困難、下痢、肺炎、 ARDS			
何人に感染 させるか	―	1.4〜2.5人	0.6人前後	10〜20人[1]
死亡率		9.6%	34%	0.1〜0.2%
治療	対症療法。明確な治療、ワクチンはない			対症療法、抗ウイル ス薬、ワクチン接種
はじまり	不明	中国	サウジアラビア	中国

これまでにどんな感染症が流行ったの？

　この新型コロナウイルス（以下、新型コロナ）は、将来的にどうなっていくの
でしょうか。それは誰にもわかりません。でも、これまでに人間社会の中に突如
入ってきたウイルスがどのような経過をたどったのかをみると、何か傾向がわ
かってくるかもしれません。早速、まだ記憶に新しい3つのウイルスを例にみて
いきましょう。

◆2003年　SARSコロナウイルス

　皆さんはSARS（重症急性呼吸器症候群）を覚えていますか？　2002年11月頃

に突如中国で発生し、世界中で騒がれたウイルスです。今回の新型コロナと同じコロナウイルスの仲間で、症状などの特徴もよく似ています。感染してから2〜7日前後で発熱と咳、咽頭痛などの症状があらわれ、感染経路も**飛沫および接触感染**といわれています。このSARSコロナウイルスは、徹底した患者の隔離と飛沫・接触感染対策によって封じ込めに成功しました。2003年の7月に**WHO**によって**パンデミック終息宣言**が出され、今は新規感染者の報告はありません。また、感染源として**コウモリ**や**ハクビシン**などに由来する可能性が考えられており、これらを食用としたことが原因なのではないかと指摘されています。

　このSARSの経緯について、もう少し詳しくみていきましょう。最初の患者は中国の広東省で原因不明の肺炎として診断・治療されました。その後、この患者の周囲の人に同様の症状が確認されたため、当初は季節性インフルエンザの流行が疑われていました。しかし2003年2月に入り、300人以上の患者が同じような症状を訴えているにもかかわらず、インフルエンザの検査ではすべて「陰性」だったため、この段階でようやく別の病気を疑い始めました。その頃には香港や広州でも感染者の報告が出るなど、原因不明の悪性の肺炎が増え始めていました。WHOも「これはおかしい」と本格的に調査を開始したのですが、当時中国は情報に制限をかけていたため、感染の足取りを正確に追うことができませんでした。

　その後、またたく間にカナダ、ベトナム、シンガポール、アメリカ、南アフリカまで感染が拡がりました。ちなみに日本でも疑わしい例はありましたが、幸いにも診断が確定した人はいませんでした。

　SARSはその後、最終的には世界30カ国で8,000人以上の感染者と、900人以上の死者を出しました。SARSの特徴は「発症してから人に感染させる」ことです。つまり、発症した人、疑わしい人を徹底して隔離することで感染者が減っていき、各国で感染が爆発的に拡がる前に抑えきることができたのです。かくして新規感染者が0になったところでパンデミック終息宣言が出されました。その後も、感染者の発生報告が何件かありましたが、今は全くありません。

　このSARSの世界的なパンデミックの終息に向けて、迅速かつ的確に行動できたこともあり、WHOや**CDC**（アメリカ疾病予防管理センター）の名前が世界中に拡がり、感染対策のネットワークがつくられました。一方、日本はというと、隣の国で起こったパンデミックに対してなす術もなく、国際的に脅威となる感染

症に対応する組織がなかったとして、大きな反省点を残しました。

コラム　アモイガーデン

　SARSで最も有名なエピソードの1つは香港の「アモイガーデン」の例です。アモイガーデンは33階建ての建物が19棟密集し、1つの棟には1,000人以上の人が住んでいます。日本の団地に近いイメージですね。

　さて、SARSを発症したある男性が、この中のある棟でトイレを使用しました。すると同じ棟で、その男性とは全く接触もなければ、住んでいるフロアも違う住人が次から次へと感染して300人以上の感染者が発生するという事態が起こりました。

　その後の調査により、この男性の排泄物からエアロゾル化したウイルスが、排水管を伝ってほかの部屋に拡散したことでクラスターを引き起こしたのではないかと報告されました[2]。

　アモイガーデンには、各フロアのトイレや風呂からそれぞれ合流する配水管がありましたが、逆流を防ぐためのU字トラップが干上がっていたのです。つまりふたの役割をする水がなくなっていたために、下水溝内の排泄物が乾燥し、とても細かい粒子（エアロゾル）となって空気にまぎれ各浴室に逆流したと考えられたのです。
　実際にアモイガーデンでは、以前から悪臭が逆流して住民から苦情が出ていたそうです。諸説ありますが、換気の悪い空間ではこういった経路の感染が起こりうるのではないかということは今回の新型コロナでも指摘されています。

◆2009年　新型インフルエンザウイルス

　毎年冬に流行する季節性インフルエンザのレギュラーメンバーとしてすでに定着しているのが、2009年に流行した**新型インフルエンザウイルス**です。それまでは、例年流行するのはA型1種類、B型2種類の計3種類だったのですが、2009年以降はA型にこの新型インフルエンザウイルスが追加されて、計4種類の季節性インフルエンザの流行が毎年起こるようになったのです。また、**新型インフル**

エンザは子どもに流行しやすく、かつ、特に2歳以下で重症化しやすいという特徴があります。だからこそ、重症化を防ぐためのワクチン接種が子どもたちにとって重要なのです。

　新型インフルエンザの流行はまだ記憶に新しく、日本でも感染者が多く認められました。というか、今もなお感染者が発生しているので読者の皆さんもよくご存じかもしれません。インフルエンザは20〜30年に1度、大きく変異して猛威を振るうといわれています。従来から病原性の高い「鳥インフルエンザ」の世界的な流行が懸念されていましたが、予想に反し、例年発生する「豚インフルエンザ」から突然変異した新型インフルエンザが発生したのが2009年でした。
　2009年2月メキシコのある村で、村人がインフルエンザのような症状を呈し、死亡するというケースが相次いで報告されました。当初死亡率は10％以上といわれ、新たな感染症の出現が懸念されていた中で、3月にはアメリカでも同様の症例が報告されました。調査の結果、新型インフルエンザであることが明らかになりました。その後、4月にはスペイン、ドイツ、イスラエルなどで発生が確認され、5月には日本でも感染者が報告されました。

　そしてまたたく間に世界中で感染者が報告されるようになり、その数は着々と増えていきました。流行初期においては死亡率が非常に高いとされましたが、その後次第に死亡率や重症化率は下がり、毎年冬になると流行する季節性インフルエンザと同等の病原性であることがはっきりしてきました。最終的には、毎年冬になると流行する「季節性インフルエンザ」の1つとして定着し、現在にいたります。
　また、先ほど言及したように、この新型インフルエンザは子どもに感染しやすく、重症化しやすいという特徴があります。その一方で高齢者には感染しにくく、重症化しにくいという特徴ももっています（だから流行時の一斉休校に意味があるのですね）。おそらくは数十年前に流行したインフルエンザと似たタイプで、現在の高齢者は過去に感染を経験しているため、免疫があり重症化しにくいのだと考えられており、子どもたちにはそうした免疫がないため、重症化しやすいのではないかという仮説があげられています。

◆2012年　MERSコロナウイルス

　3つめです。なんだと思いますか？　それはMERS（中東呼吸器症候群）ですね。この病気もニュースで耳にすることもなくなりました。ということは、SARSと同じように終息したのでしょうか。いいえ、じつはこの病気、終息なんて全くしていません。日本では報道されませんが、今現在もサウジアラビアなどの中東地域では、若いラクダと接触した人を中心に発症の報告があります。

　早速、詳しくみていきましょう。新型インフルエンザの騒動からまだ3年しかたっていない2012年、サウジアラビアで原因不明の肺炎の患者が発生しました。「またかよ」と思われそうですが、SARSや新型インフルエンザの経験があったからこそ、この事態にすぐ対応することができました。イギリスで遺伝子検査をしたところ、新型のコロナウイルスであることが判明しました。発症までの潜伏期間は2〜14日間程度で、発症すると発熱と咳から始まり、数日のうちに重症化して、人工呼吸器や集中治療室管理となります。当初は中東地域、特にサウジアラビアで多くの感染者が発生したため中東呼吸器症候群（MERS）という名前になりました。その後、病名に地域名を使うことは風評被害や差別につながるということで、「今後は新規の感染症の病名には地名を使わないことにする」と世界的に約束されました。なので、今回の新型コロナには最初の感染者が確認された「中国」や「武漢」といった国や地域の名が冠されることなく、「SARS-CoV-2」という名前があるのです。

　さてこのMERSは今までに2,600人前後の感染者の報告があり、死者は850人以上、死亡率は30％以上といわれ、非常に重症度の高い感染症として恐れられています。では、このMERSコロナウイルスはどこから来たのでしょうか。冒頭で少し触れましたが、調査によるとヒトコブラクダに由来するといわれています[3]。中東地域のラクダを調べたところ、MERSコロナウイルスは1歳以下のラクダのあいだで流行しており大人のラクダはこのウイルスに対する抗体をもっているということが判明しました。つまりサウジアラビアで若いラクダに接触した人たちが、何らかの理由で感染しているということが明らかになったのです。また、MERSはSARSと同様、発症してから感染力をもつため、発症者を隔離することで感染をコントロールすることができます。さらに、感染力もそれほど高く

はなく、1人の感染者が何人に感染させるかをあらわす R_0（基本再生産数）は0.8〜1.3で、1人の感染者がせいぜい1人にしか感染させないので、確実に診断し隔離措置を行えば拡大を抑えられるという時間的余裕がある病気なのです。

　一般的に、**感染症は重症なものほど拡がりません**。重症度の高い感染症は人へうつす前に感染者が重症化して動けなくなるか、命を落とすことになり、結果として感染が拡がりづらいのです。つまりMERSは極めて重症の感染症ですので、人へうつす力がもしあったとしても、接触する機会がほとんどなくなるために拡がりにくいということになります。

　このMERSの経過を通していえることの1つに「自分のまわりで報道されない病気は存在しない（ものと同じ）ととらえやすい」ということがあります。確かに、耳目に触れなければその存在を意識することは難しいですが、聞いたことがなくても確かに存在する感染症はあるのです。

 ## コラム　アウトブレイクとパンデミック、何が違うの？

　2020年の初頭から、「**アウトブレイク**」「**パンデミック**」「**エピデミック**」など新型コロナの感染拡大をあらわすさまざまな表現を耳にするようになりました。定義がまちまちであったり、その境目は曖昧なところもありますが、ここで整理しておきましょう。感染拡大をあらわす言葉として、次の4つがあります。

エンデミック（endemic：地域流行）
　特定の地域で定期的に繰り返し感染者が出ること。「風土病」ともいいます。たとえば日本では、特定の地域での「マダニ」による「ツツガムシ病」の流行や、「日本住血吸虫症」という寄生虫による感染症の流行がみられたことがありました。

エピデミック（epidemic：流行）
　特定の感染症が例年の感染者数や範囲を一時的に大きく超えて発生すること。通常、大きな問題となることはありません。たとえば、ノロウイルスやインフルエンザなども地域によっては例年より感染拡大がみられる年があります。

アウトブレイク（outbreak：特定の場所での大きな流行）

　一定の期間に、特定の地域・集団の中で、突発的に多くの感染者が予想を
はるかに超える規模で発生すること。たとえば、2014年には西アフリカの
「エボラ出血熱」、2016年にはブラジルの「ジカ熱」の感染者が地域的に急激
に増加したことも記憶に新しいですね。

パンデミック（pandemic：世界的大流行）

　国境や大陸を超えて世界的に感染が拡がり、多数の感染者が出ること。ま
さに2020年に始まった新型コロナの流行がこの状況にあります。2009年
の「新型インフルエンザ」もその流行の規模からパンデミックと定義されま
した。

　一方、これらの感染の終息は「潜伏期間の2倍の期間、新たな感染者の報
告がないこと」と定義されます。今回の新型コロナであれば最長7日間の潜
伏期間があるとされますので、14日間新規患者が発生しなければ「終息」し
たといえます。ですが、この3年間の感染状況を見ていると、あまりにも多
くの人が感染するものの命にかかわることが減ってきています。しかも繰り
返し感染しうることがわかってきました。そうすると「0にすることのでき
ない病気」と考えられるので、もう新型コロナには「終息」という表現ができ
なくなると思います。10年後、20年後にどうなっているかは誰にもわかり
ませんが、「今日でコロナは終息です」というのは難しいだろうということ
です。

「終息」ではなく「収束」をめざす？

　では、これら21世紀に起こった3つの大きな感染症の流行と、これまでにわ
かっている新型コロナの特徴を踏まえると、新型コロナはどうなっていくと予想
できるでしょうか。つまり、いずれ終息して消えていくか、「一般的な病気」と
して存在していくか、「風土病」のように局地的な病気となっていくか、ですが、

- 重症度はSARSやMERSほどではなく徐々に下がってきている
- すでに世界中で猛威をふるっており、さらに発症前でも感染力がある
- 世界中で渡航を制限し続けることは不可能（すでに再開されている）
- 治療法や対応が決まってきている

と考えると、おそらく一般的な病気の1つとして存在していくものと考えます。「ワクチンができれば消えるはず！」という期待もあったかと思いますが、ワクチンで撲滅できた病気は過去に1つしかありません。人類がワクチンでの撲滅に成功したたった1つの病気、それは**天然痘**です。ワクチンで撲滅できる病気の条件は、

> • 人間にしか感染しない病気である
> • 感染したら100％発症する、もしくは確実にみつかる検査診断法がある
> • ワクチンをはじめとした予防や治療の効果が極めて高い

の3点を満たさなければなりません。**新型コロナ**は、**コウモリ**などの**動物由来**であることが疑われています。無症状でも人に感染させる力があり、ワクチンもデルタ株では信じられないくらい劇的な効果（重症化予防効果：96％）を示しましたが、その効果の持続期間は短く、おそらくオミクロン株には上記を満たすレベルの効果はなさそうです。そうすると、現時点では終息させる（感染者を0にする）方法はおそらくないと思います。ただし、**収束**（一定の状態に落ち着くこと）はありうると思います。これは考え方の問題なのですが、たとえば、戦前は毎年10万人以上の人が結核で亡くなっていましたが、「マスクをする生活」は誰もしていませんでした。病気以外のことでたとえるなら、皆さんが使っているインターネットも30年前はほとんど誰も使っていませんでしたが、今はあたりまえのように使っていますよね。

　つまり社会全体が新しいものに対して、その存在をどれだけ許容しているかが大事なのです。「マスコミが騒がなくなったら収束」というのは筆者の持論ですが、「それが存在する世の中があたりまえ」というように考え方が変わっていったときにはじめて**収束**といえるのだと思います。ただし、感染症法における5類にすることが収束とは思いません。ウイルスは日本の法律なんか聞いてはいませんので、あくまでも「見た目収束」みたいなものでしかありません。筆者個人としては、もし5類といえるくらい気にしない病気になるのであれば、そもそも指定する必要すらない病気になっているだろうと考えます。だってほかのコロナウイルスは5類ですらないんですから。ですが、1つの「区切り」として5類にするという今回の選択はありかもしれませんね。

また、終息させる方法がないからといって、決して悲観的になる話ではないものと思います。今は多くのことがわかってきており、**治療薬はなくとも治療法は徐々に確立されてきています**。常に適切な感染対策をすることでしっかりとコントロールできる感染症と考えられつつありますので、**学校生活**においても適切な感染対策をきちんとしていくことが大事です。と同時に、この感染症をいつまでも特別視し続けることもまた考え直す時期にきています。「常に起こりうる感染症」であるということを認識し、そう理解することで、感染者やそのケアに従事する医療者に対して、優しい目線で接することができるようになると思います。**第4章**からは状況に合わせた感染対策を1つずつ理解していきましょう。

 コラム　感染症の分類って何？

　パンデミック以降、特に大きな波がきたタイミングなどで「2類から5類へ」や、「指定2類はおかしいのではないか」という話を耳にするようになったのではないでしょうか。

　ところで、そもそもこの「**分類**」ってなんでしょうか。

　1999年に**感染症法**（感染症の予防及び感染症の患者に対する医療に関する法律）ができた際に、感染力と重篤性などに基づいて感染症を5つに分類しました（**表1**）[4]。その後何度かの改定を経て、2008年に**新型インフルエンザ等感染症**という分類を追加し現在にいたります。

　多くの感染症はこの分類にしたがい、法律に則って**発生の届出**や**入院隔離、私権の制限**などが行われます。

　新型コロナは「コロナウイルス」という一般的な風邪を引き起こすウイルスの仲間でしたね。本来なら分類にすら入らないはずですが、明らかにたちの悪い新しいタイプのウイルスでした。そのため最初は「**指定感染症**」に入っていたことを皆さんもよくご存じと思います。その後2021年2月13日に「**新型インフルエンザ等感染症**」に再分類されました[5]。

　まず知ってほしいのは「一度たりとも2類になったことはない」「指定2類という表現は存在しない」ということです。ここから躓いてしまっているお話が多いようです。

表1 感染症の分類[4]（2022年10月現在）

分類	定義	疾患数	主な感染症	届け出の要否	届出方法	届出日数	入院勧告	就業制限
1類	感染力も重篤性も総合的にも極めて危険性が高い感染症	7種類	エボラ出血熱、マールブルグ病、ペストなど	○	全数	直ちに	○	○
2類	感染力も重篤性も総合的にも危険性が高い感染症	7種類	結核、ジフテリア、SARS、MERSなど	○	全数	直ちに	○	○
3類	総合的には危険性は高くないが特定の職業で集団発生（食中毒など）が起こりうる感染症	5種類	腸管出血性大腸菌、腸チフス、パラチフスなど	○	全数	直ちに	×	○
4類	人から人へはほとんどうつらないが動物を介してうつる感染症	44種類	B型肝炎、サル痘、狂犬病、デング熱、マラリアなど	○	全数	直ちに	×	×
5類	国が発生状況を調査してその都度医療現場や国民に情報提供して感染拡大を抑えるべき感染症	23種類	季節性インフルエンザ、梅毒、百日せき、麻疹、風疹など	○	全数or定点	直ちにor7日以内	×	×
指定感染症	既知の感染症であるもの分類がしづらくまずは1～3類に準じた対応が必要な感染症（最長2年）	0種類	なし	○	全数	直ちに	○	○
新感染症	新規発生して、人から人へ感染し重篤性も極めて高いと考えられる感染症	0種類	なし	○	全数	直ちに	○	○
新型インフルエンザ等感染症	2009年の新型インフルエンザのように国民の生命及び健康に重大な影響を与える恐れのある感染症	1種類	新型コロナウイルス感染症	○	全数	直ちに	○	○

さて、じゃあ「新型インフルエンザ等感染症」ってなんでしょうか。大雑把にいうと「1〜5類のどの枠にも決めきれない感染症は、その都度オプションを変更して適用していこう」というものです。感染症の流行や重症度の突然の変化に応じて、1類より厳しくもできるし5類より緩くもできます。まさに今の新型コロナのようにコロコロ病態が変わってくる病気にはうってつけなのです。むしろどこかに固定してしまうと身動きが取れなくなるので、病態が確定するまでは下手に特定のところに入れるべきではないのですよね。そうです。「5類にしたら軽くなる」のではなく「個々で十分に対応できるくらい軽くなったから5類にする」のです。順序が逆なのです。まだ病態がフワフワしているこの病気に対しては今のようにこちらもフワフワできる分類にしておくのが最善であり、もっといえば本当にただの風邪になってしまえば5類にする必要すらなくなります。5類にしてもウイルスが勝手に軽症化するわけではありませんので、流行の状況をみて適切な感染対策をしていくことが大切になりそうです。

学校保健安全法の話

　さて、感染症に関する法律をもう1つご紹介します。**学校保健安全法**をご存じでしょうか。児童生徒や職員の健康の保持増進を図るため1958年に制定され、以降幾度となく改定を重ねてきた法律です。

　その第18条〜第21条に学校における感染症の対応が書かれています。そこでは第一種、第二種、第三種とわかれ、それぞれ次のように記載されています(**表2**)[6]。

　第一種：感染症法における1類、2類感染症
　第二種：主に飛沫感染をする感染症で学校内での感染拡大の恐れが高いもの
　第三種：学校教育活動で感染拡大の恐れがあるもので消化器系の感染症が多い
　その他の感染症：学校の裁量で第三種として対応可能な感染症

表2 学校感染症と出席停止基準[6]

分類	病名		出席停止の基準
第1種	感染症法の1類、2類感染症		治癒するまで
第2種	インフルエンザ		発症後5日、かつ、解熱後2日（幼児3日）が経過するまで
	百日咳		特有の咳が消失するまで、または、5日間の適正な抗菌剤による治療が終了するまで
	麻疹（はしか）		解熱した後3日を経過するまで
	流行性耳下腺炎（おたふく風邪）		耳下腺、顎下腺または舌下腺の腫脹が発現した後5日間を経過し、かつ、全身状態が良好となるまで
	風疹		発疹が消失するまで
	水痘（みずぼうそう）		すべての発疹が痂皮化するまで
	咽頭結膜熱		主要症状が消失した後2日を経過するまで
	結核 髄膜炎菌性髄膜炎		症状により学校医その他の医師が感染の恐れがないと認めるまで
第3種	コレラ 細菌性赤痢 腸管出血性大腸菌感染症 腸チフス パラチフス 流行性角結膜炎 急性出血性結膜炎		症状により学校医その他の医師が感染の恐れがないと認めるまで
	その他の感染症	溶連菌感染症	適正な抗菌剤治療開始後24時間を経て全身状態が良ければ登校可能
		ウイルス性肝炎	A型・E型：肝機能正常化後登校可能 B型・C型：出席停止不要
		手足口病	発熱や喉頭・口腔の水疱・潰瘍を伴う急性期は出席停止、治癒期は全身状態が改善すれば登校可
		伝染性紅斑	発疹（リンゴ病）のみで全身状態が良ければ登校可能
		ヘルパンギーナ	発熱や喉頭・口腔の水疱・潰瘍を伴う急性期は出席停止、治癒期は全身状態が改善すれば登校可
		マイコプラズマ感染症	急性期は出席停止、全身状態が良ければ登校可能
		感染性胃腸炎（流行性嘔吐下痢症）	下痢・嘔吐症状が軽快し、全身状態が改善されれば登校可能
		アタマジラミ	出席可能（タオル、櫛、ブラシの共用は避ける）
		伝染性軟属腫（水いぼ）	出席可能（多発発疹者はプールでのビート板の共用は避ける）
		伝染性膿痂疹（とびひ）	出席可能（プール、入浴は避ける）

※第1種学校感染症：エボラ出血熱、クリミア・コンゴ出血熱、痘そう、南米出血熱、ペスト、マールブルグ熱、ラッサ熱、ジフテリア、重症急性呼吸器症候群（SARS）、急性灰白髄炎（ポリオ）、鳥インフルエンザ（H5N1）

そして、感染症法では新型コロナは**新型インフルエンザ等感染症**という分類でしたので「第一種」に入っていました。これは治癒したと認められるまで出席停止となります。ちなみに感染症法にも学校保健安全法にも、マスクについての記載はどこにもありません。あくまでも**必要な人が必要なときにつけるもの**としています。

さて、疑問に思いませんか？　これは学校における法律なのでインフルエンザは学校を5日間お休み（＋解熱後2日間）としていますが、一般社会でも5日間休みになりますよね。これは**労働基準法**に「**安全配慮義務**」というものがあるからです。インフルエンザで熱を出して苦しんでいる従業員に、企業が「仕事に来い」ということがあってはならないのです。するといつ復帰していいのでしょうか。病院で聞くと「学校も5日間なので大人も同じ5日間が妥当です」との判断になり、慣習的に5日間休むという流れになっています。この新型コロナは5類になって感染力が落ちるということはありませんし、感染力は大人も子どもも変わりません。

学校は子どもたちを守る必要がありますので、**学校保健安全法では第二種**に移行されました（コラム「学校保健安全法の改正」参照）。出席停止が5日間（＋症状改善後1日）となったため、結果として大人も会社での休業の必要が出ると予想しています。学校にも仕事にも行っていない人に対しては感染症法上の5類に変わると何も制限がなくなるのは確かです。それで感染者が増える懸念もあります。なので、病院などで診断をしたときは「少なくとも7日間は休んでしっかり治すんだよ」と必ず伝えると思います。濃厚接触者に関してはいずれも法律はないので、行動制限などをする法的根拠はなくなります。しかしほかの項でもお伝えしているように、目指すのは感染をゼロにして感染者を否定する社会でもなければ、ノーガードで好き放題活動する社会でもありません。皆さんが大切な誰かを感染から守ることを考えていってもらえればと思いますし、これは新型コロナに限ったことではありません。医療現場は感染者が増えてもそれに対応できるように拡充するのも大切ですし、皆さんは、無症状で感染させてしまうことは仕方ないけれど、発症しているのに隠して仕事や、遊びに行くことをしないようにするのも大切です。一般的な風邪であっても、人によっては大きなダメージになることもあります。それに、無理をして出かけても、体調が悪くては仕事の効率も悪いですし、遊びも存分に楽しむことができませんよね。お互いが「感染するこ

とを否定するのではなく、増やさない努力をする」ことを考えられる社会になれ
ばと思います。

コラム　学校保健安全法の改正

　さて、新型コロナウイルス感染症の5類移行に合わせて2023年4月に学
校保健安全法が改正されました[7]。具体的な変更点は次の5つです。

　・第一種感染症から第二種感染症へ変更
　・出席停止は「発症した後5日経過し、かつ症状軽快後1日が経過するまで」
　　ただし発症から10日を経過するまではマスク着用を推奨
　・濃厚接触者となっても直ちに出席停止の対象とはならない
　・感染が不安で学校を欠席したい場合は校長の判断で出席停止とすること
　　ができる
　・発熱や咽頭痛、咳などの普段と異なる症状がある場合は無理をして登校
　　しないよう呼びかける（自己検査は保護者や本人の意向で施行）

　同時に学校における新型コロナウイルス感染症に関する衛生管理マニュア
ルも改定となりました[8]。基本的な考え方は次のとおりです。

感染状況が落ち着いているときの推奨事項
　・家族との連携による児童生徒の健康状態の把握
　・適切な換気の確保
　・手洗いなどの手指衛生や咳エチケットの指導

　また、マスクの着用や身体的距離については次のようにされています。

感染状況が落ち着いているとき
　・学校教育活動ではマスクの着用を求めない
　・学校給食の場面において、黙食は必要ない

感染が流行しているとき（活動場面に応じて一時的に講じる）
　・「近距離」「対面」「大声」での発声や会話を控えること
　・児童生徒間にふれあわない程度の身体的距離を確保すること

　普段は通常の生活をしつつ、地域で感染が流行している時期には一時的に

感染対策を強化するというメリハリをつけた対策です。よく話題にあがるマスクに関しては、「みんなが普段からつけることは推奨しないけれど、咳やくしゃみの症状がある人は着用が推奨されます。新型コロナの感染が拡がる前からそうでしたね」ということです。つまり「新型コロナに限らず発熱や咳があるときは学校に行くことは控えて、しっかり療養すること。そして周りに拡げないことをきちんと意識しましょう」という当たり前のことであり、どんな感染症であっても拡大させることは誰にとっても幸せではありません。

　2019年以前にもいわれていたことを、この3年間の経験をもとにアップデートし継続していくことで、自分も周りのみんなも守っていけるような社会になるといいですね。

【まとめ】
- SARS は徹底した患者の隔離と飛沫・接触感染対策で終息
- 新型インフルエンザは、毎年流行するインフルエンザの1つとして定着
- MERS はサウジアラビアなどの中東を中心とした局地的な病気として残存
- 新型コロナは「一般的な病気」として定着すると考えられる
- 新型コロナは、徐々に治療法も確立されてきており、適切な感染対策によってコントロールが可能

- 文　献
1) Fan Y, Li X, et al. Signal Transduct Target Ther. 2022；7（1）：141-51
2) Department of Health（香港）(https://www.info.gov.hk/info/sars/pdf/amoy_e.pdf)
3) Azhar EI, EI-Kafrawy SA, et al. N Engl J Med. 2014；370（26）：2499-505
4) e-GOV (https://elaws.e-gov.go.jp/document?lawid=410AC0000000114)
5) 新型コロナウイルス感染症対策本部 (https://corona.go.jp/direction/pdf/gutaisaku_gaiyou_20220902.pdf)
6) 学校感染症 (https://www.gakkohoken.jp/files/special/images/special7/h04.pdf)
7) 文部科学省 (https://www.city.hiroshima.lg.jp/uploaded/life/333305_687139_misc.pdf)
8) 文部科学省 (https://www.mext.go.jp/content/20230427-mxt_kouhou01-000004520_1.pdf)

第2部
学校の感染対策（先生方へ）

4. 感染対策の基本の「き」!

新型コロナウイルスってどうやって感染するんだっけ?[1]

感染経路1:接触感染

ウイルスが付着したものに触れた手で口や鼻を触ることで、粘膜を経由して病原体が体内に入り込み感染が成立します

感染経路2:飛沫感染

感染者の咳やくしゃみなどを顔に浴び、ウイルスを含む飛沫を口や鼻から吸い込むことで感染が成立します。飛沫の飛距離は約1〜2mです

感染経路3:マイクロ飛沫感染

主に密閉された空間などで、空気中を漂うウイルスを含むマイクロ飛沫を吸い込むことで感染が成立します。マイクロ飛沫とは、通常の飛沫よりもずっと小さな飛沫であり、空気中を3時間浮遊することもあります[2]。建物の広さにもよりますがビルの同じフロアにいるだけで感染する可能性もあり、これを指して「新型コロナは空気感染する」とする言説もありますが、このときの「空気感染」は「マイクロ飛沫感染」を指します。「マイクロ飛沫感染」は、別名「エアロゾル感染」ともいわれます

さて、5類へ移行することでこれまで推奨されてきたさまざまなことが大きく変わると予想されます。ここからはより具体的な感染対策をご紹介していきますが、初版が刊行された頃とは状況も変わっていると思います。たとえば、一時的に新型コロナウイルスの感染が拡大した場合や、季節性のインフルエンザの流行時など、しっかりした感染対策が必要な場合を想定した解説とお考え下さい。感染が落ち着いている状況であれば、最低限の感染対策ができていれば十分です。状況にあわせて感染対策ができるよう、本書をお役立てください。

感染経路

感染対策を語る前に、まずは「**感染経路**」についてしっかりと勉強しておきましょう! ウイルスも細菌も、種類によって感染する方法(感染経路)が決まっています。まずは、どんな経路があるかを理解しましょう。感染経路には、大きく分けて「**①接触感染**」「**②飛沫感染**」「**③空気感染**」があります。新型コロナウイル

ス（以下、新型コロナ）の感染経路は、ズバリ「接触感染」と「飛沫感染」で、主に
この2つを考えます。では、順にみていきましょう。

①接触感染

　「鬼ごっこ」という遊びは、鬼にタッチされるとタッチされた人も鬼になって
しまうというルールです。接触感染はこれと同じような仕組みです（図1）。つま
り、「**タッチ（＝接触）**」でうつるわけです。軽く触れるだけのタッチでも、しっ
かり触れるタッチでも同じです。接触感染といっても、皮膚に常に存在する菌
（常在菌）などがほかの人と触れ合って感染することもあれば、体液を介して感
染することもあります。体液というのは、**血液**、**唾液**、**精液**、**涙液**、**鼻水**、**胃
液**、**乳汁**などのことです。これらの体液中に存在するウイルスや細菌が、ヒトから
ヒトへ感染するのです。多くの菌やウイルスが、この接触感染の経路をとります。

図1　接触感染の仕組みは鬼ごっこの「タッチ」に似ている

　では実際に、人はどのように接触しているのでしょうか？　血液を浴びたり、
性交渉や授乳など、いろいろな接触方法がありますが、最も頻度が高く、伝播の
リスクとなるのは「手」を介しての感染です。とにかく「手」です。人間は何かを
するとき、多くの場合、手を使って行います。皆さんが思っている以上に手でい
ろいろなものと接触しているのです。感染している人に直接接触することもあり
ますし、感染者が触ったものや身のまわりにあるものの表面（**環境表面**といいま
す）についている病原体に自分の手が接触することもあります。

ここまで「接触」について述べてきましたが、実際には**触れるだけでは感染は成立しません**。病原体に触れ、それが体の中に入ってきてはじめて感染が成立します。人間の体の中と外を隔てている皮膚は、最強のバリアです。皮膚の表面に細菌やウイルスがくっついたところで、簡単には入り込めません。皮膚がないところ、粘膜や皮膚にできた傷などから入ってくるのです。つまり、病原体のついた手で口や鼻、目などの粘膜に触れることで、体の中に入り込まれてしまうのです。また、転んですりむいた傷口に病原体のついた手で直接触れたりしても、やはり感染が起こりえます。

　「顔を触らなければ、感染は成立しないんじゃないかな」と思う方もいるでしょう。では、本書を読み始めてからここまで読むあいだに、一度も顔を触っていない自信はありますか？　じつは人は、無意識のうちに1時間に23回以上も顔を触るという報告[3]もあるくらい、顔を触っているんです（図2）。ほかにも「爪を噛む」「鼻をほじる」「目をかく」といったありふれた行為が、感染の橋渡しをします。ちなみに汗は感染者であってもウイルスが含まれないため、唯一感染源にならない体液として知られています。

図2　人は無意識のうちに顔を触ってしまう

●対策●

　接触感染の感染経路は血液などの体液に直接触れることのほか、一般的には、人の手を介してのウイルスや菌の取り込みであることは前述のとおりです。つまり、手にウイルスや細菌などの病原体がついていなければ、通常はほかの人へ感染が起こることはないため、**最も有効な対策は「手洗い」**です。そして机やドアノブなどの環境表面についている病原体に触れることでも感染しうるのですから、手に触れやすい部位や場所の表面を清掃消毒すること

も重要な対策となってきます。

　ただし、直接の接触を避けるために日常的に医療用手袋をつけたままにしても感染対策にはなりませんのでやめましょう。手袋をつけること自体は感染対策になりますし、病院などで検査や処置を行う際には医療者も手袋を使用しています。ただ、感染対策として効果を発揮するためにはやはり適切に使う必要があるのです。たとえば、1つの処置が終わったらその都度新しいものに交換しないと、汚染された手袋でいろいろなものを触ることになり、かえって感染を拡げてしまいます。病原体がついた手袋をつけたまま顔や髪の毛に触れば、やはり感染リスクが上がってしまいます。また、医療機関での感染対策に使われる医療用手袋は、長時間使用すると肉眼ではみえないくらいの小さな穴がたくさんあいてきます。手袋を交換する際に汚染された部分を触ってしまうこともありますので、手袋使用後にも必ず手を洗ってください。手袋を使うときは手洗いもセットにするのが感染対策のルールです。

② 飛沫感染

1 飛沫感染

　「**飛沫**」とは何でしょうか。くしゃみや咳、会話などで口から出てきた水分を含む粒子のことです。咳で飛ぶしぶきから、ほとんど目にみえないレベルのものまでありますが、直径5 μm（マイクロメートル。1 μmは1 mmの100分の1）以上のものをいいます（図3）。

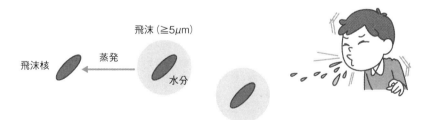

図3　飛沫とは、咳や会話によって口から出た、水分を含む直径5 μm以上の粒子。飛沫に含まれる病原体によって感染が起こる。飛沫が乾燥して小さくなったり、もともと5 μm未満のものを飛沫核という。大きな飛沫はすぐに落下するが、飛沫核は空気中に浮遊し続け、空気感染を引き起こす。

そして、その飛沫に含まれる細菌やウイルスがほかの人の口や鼻にたどり着いて起こる感染が「**飛沫感染**」です。くしゃみなどから感染するといわれ、多くの**気道感染症（気道や呼吸器に起こる感染症）**がこの経路をとります。インフルエンザや今回の新型コロナなどでも最も多い感染経路といわれています。

　「飛沫」は多くの場合、水分を含むため重量があります。飛散したとしても、何kmも遠くまで飛ぶことはできません。2003年にSARS（重症急性呼吸器症候群）コロナウイルスが流行したとき、当初「飛沫は1mくらい飛ぶのではないか」といわれていましたが、感染者の様子からもう少し飛ぶらしいことがわかり、その後2mくらい飛ぶといわれました。今では「飛沫の飛距離は約2m」といわれるようになり、実際には、ぴったり2mではなく、2〜3mくらいだろうと考えられています。子どもの場合は背が低いので大人に比べて飛距離も短く、標準的な小学校低学年の子なら1mくらいであろうともいわれています。

　●対策●

　飛沫感染を避けるためには、まず距離をとること、つまり**ソーシャルディスタンス**をとることが推奨されます。およそ2m離れることで互いの飛沫が届かず、7割以上の感染を抑えることができるという報告もあるため[4]、ソーシャルディスタンスをとることはとても効果が高いといえます。

　また、むやみに飛沫を飛ばさないという点ではマスクの着用も有効ですが屋外でしっかり距離をとれるのであれば、特に夏など気温や湿度の高い日は必ずしもマスクを着用する必要はありません。

---

2 マイクロ飛沫感染（エアロゾル感染）

　飛沫感染を起こす粒子の中でもかなり小さいものは2m程度で落下せず、空気中に滞留するといわれますが、これらの粒子を**マイクロ飛沫（エアロゾル）**といいます。このマイクロ飛沫による感染経路は、**飛沫感染**と**空気感染**のあいだのような立ち位置になります。この経路を「飛沫感染」に分類するか「空気感染」に分類するかは専門家の中でもまだ意見が分かれています。

　マイクロ飛沫感染の具体例をあげると、ある中華料理レストランでの新型コロ

ナ感染について記した有名な論文[5]があります。レストランの同じフロアにお客さんが大勢座っていたのですが、一番奥の3つのテーブルに全く面識のない3家族がおり、そのうちの1人が感染者でした。その後、その3家族の中から多くの感染者が出たというものです（図4）。

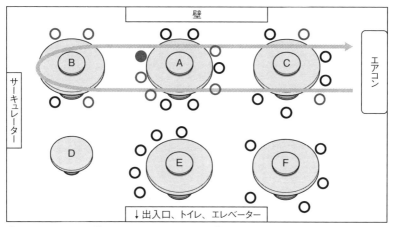

●：最初の感染者、○：レストランで感染した人、○：感染しなかった人、➡：空気の流れ

図4　エアコンとサーキュレーターの併用により空気の流れが矢印のようになり、部屋の奥に滞留した。その空気中にウイルスが浮遊していたため、部屋の奥に座っていた人が感染した

　調査の結果、この部屋の空調はサーキュレーターを併用しており、暖房で暖められた空気が部屋の奥の狭い範囲で滞留していました。その滞留した空気中にウイルスが長時間浮遊していたため、部屋の中の特定の場所でだけ感染者が出たのです。つまり、マイクロ飛沫感染は空気感染ほどの感染距離はないものの、**ウイルスは2〜3ｍでは落下せず、空気中にしばらく滞在する**ことがわかったのです。一部の報告では、条件がそろえば数時間くらいプカプカと空気中に浮いているともいわれています。マイクロ飛沫感染が成立する条件とは、空気が滞留する状態、つまり「**密閉**」「**密接**」「**密集**」を満たす空間、すなわち「**3密**」ということになりますね。「3密」の条件を満たす空間は、**感染リスクが18倍になる**という日本の報告もあります[6]。

●対策●

　文字通り、「**3密を回避**」すればよいのです。マスクやソーシャルディスタンスである程度飛沫は防げますが、滞留している空気を追い出さなければいけないので、徹底した換気が最も有効な対策になります。

　ときおり次亜塩素酸の空間噴霧や紫外線照射、オゾンなどによる「空間除菌」といわれるものをみかけますが、科学的な根拠が乏しく、噴霧された次亜塩素酸を吸入することによる肺炎[7]や紫外線照射による皮膚障害[8]を起こした例や、首からぶら下げるタイプの商品で化学熱傷を起こし商品回収に至った例[9] [10]が報告されています。期待する効果が得られないものや、かえって健康被害を引き起こすものもありますので、使用する際には十分な注意が必要です。ドアや窓を開けて、しっかりと換気さえできれば十分なのです。

③空気感染

　空気感染は、飛沫感染よりもさらに病原体が遠くへ飛ぶ感染経路です。飛沫感染の飛沫は5 μm以上の粒子とお話ししましたが、空気感染の場合は、それよりさらに粒子が小さくなります。

　飛沫が乾燥すると、「**飛沫核**」というとても小さな粒子になります（図3）。飛沫と何が違うのかというと、「**どこまでも浮遊し続けられる**」という点です。飛沫は床に落ちたらもう終わりで、一度落ちた床や地面から再度舞い上がることは通常ありません。しかし、飛沫核は床に落ちることなく空気中をプカプカ漂っており、理論上はどこまでも飛び続けて着地点を探すのです。この飛沫核に付着しているウイルスや細菌を、人が呼吸と一緒に吸い込み肺の奥に入っていくことで感染が成立します。

　空気感染は主にこの経路をとるといわれていますが、飛沫核は非常に小さいので細菌ではなくウイルスの感染経路になることが多く、現時点では、明確に空気感染によって感染が成立する病気は「**結核**」「**麻疹**」「**水痘（みずぼうそう）**」のみといわれています。空気中の病原体の濃度は拡がるほどに薄まるとはいえ、同じ部

屋の中だけにとどまらず、ビルの違う階や1つのフロア全体に感染者を出すことがあり、その飛距離は極めて長いとされます。

　「新型コロナは空気感染するのか」ということは、しばしば取り上げられる問題です。少し難しい話になりますが、一口に空気感染といっても、①「病原体の付着した飛沫核が空気中をどこまでも浮遊し続けて感染する」と定義するのか、②「通常なら飛沫が届かない数m先にも、病原体のついた飛沫が部屋の換気状態の影響で飛散して感染する」と定義するのかでは、意味合いが大きく異なります。

　感染症医学の世界における「空気感染」の定義は①であることがほとんどで、②の定義は「広めの飛沫感染」ととらえられています。
　小さい飛沫（マイクロ飛沫・エアロゾル）は部屋の換気状態により数分～数時間浮遊してウイルスが生存し続けることができるといわれます[11]が、あくまでも閉鎖されて空気も滞留するような環境下の実験です。実際には、新型コロナは「感染力を維持したまま飛沫核に乗って浮遊し続けられるウイルスではない」ため、空気感染の定義を①とした場合、「新型コロナは空気感染するとはいえない」という結論になります。定義する人によって解釈が異なりますが、本書では②の定義を「マイクロ飛沫感染」としています。いずれにしても、「密閉空間では通常よりも飛散距離が長くなりうること」をしっかりと認識し、3密空間を避けることが重要です。

　●対策●
　空気感染するウイルスは、理論上はどこにいても病原体を吸い込む可能性があり、しかも極めて小さい粒子であるため通常のマスクでは隙間を通り抜けてしまうといわれます。そのため、N95という特殊な医療用マスクを着用することと、部屋の空気を排気口に吸い上げる陰圧状態にする必要があるといわれますが、これは一部の病院でしか対応できない特殊な環境です。教室などの一般的な環境では、空気感染対策の換気時間は1時間に5～10分程度でよいとされますので、休み時間にはドアや窓を開放するのがよいでしょう。授業中も含めた「持続的な換気」をするのであれば、対角線上の窓やドアを10cmくらいずつ開けておくのもよいと思います。換気については次

の第5章で詳しくお話しします。

　実際の現場では、感染症と感染経路の関係（表1）や優先順位を考えながら対策を講じていきます。しかし、**感染対策の指導で最も重要なことは「なぜそれを行うのか？」をしっかり理解してもらう**ことです。やみくもに「手を洗いましょう」「マスクをしましょう」では、「なぜ」が理解できていないため、単なる見よう見まねとなってしまったり、タイミングを間違えてしまったり、ちょっと状況が変わると「どうすればよいのか」わからなくなってしまいます。そして専門家が入っていない場合は、往々にして「やりすぎる」ことが多く、専門家から緩和のアドバイスが入ることもよくあります。専門外のことではなんとなくのイメージで過剰な対策をしてしまいやすいのです。そこで対策あるいは行動のリスクとベネフィットを天秤にかけてどちらがよいのか、冷静に判断するのが専門家の役割です。新型コロナに関してもその病気のリスクや特徴などの変化に伴って、適切な対策も変わってきます。

　目的は感染対策であって、マナーでもルールでもありません。行動の意味を理解することで、子どもたちが大人になったときに体で覚えている、つまり学校や家庭で得た知識を将来自身の武器として生かせるようになることが望ましいですね。

表1　各感染症と感染経路の関係

	接触感染	飛沫感染	空気感染
新型コロナウイルス感染症	○	○（マイクロ飛沫：△）	△
インフルエンザ	○	○（マイクロ飛沫：△）	△
ロタウイルス感染症	○	△	×
マイコプラズマ肺炎	△	○	×
感染性胃腸炎（細菌性）	○	△	×
ノロウイルス感染症	○	△	×
結核	×	×	○
麻疹	○	○	○
風疹	○	○	×
水痘（みずぼうそう）	○	○	○
流行性角結膜炎（プール熱）	○	×	×

○：主な経路　△：起こりうる経路　×：一般的に起こらない経路。マイクロ飛沫を空気感染に含める場合、空気感染も起こりうる

次章からは、実際の教育現場における感染対策の実践をみていきましょう。

 ## コラム　ワクチンってどんなもの？

　新型コロナのワクチン接種が2021年2月より日本でも開始されました。このワクチンのすごいところは通常なら開発に5〜10年、中には数十年かかるところをたった1年で開発から流通に至ったという点と、これまでのワクチンとは異なる経路で作用するという点です。

　皆さんご存じの「**インフルエンザ**」「**水痘（みずぼうそう）**」「**麻疹・風疹**」「**おたふく風邪**」「**日本脳炎**」などのワクチンは、「**不活化ワクチン**」「**生ワクチン**」といって、ウイルスの一部や毒性を失ったウイルスを注射で体内に取り込むことで免疫を獲得します。

　しかし新型コロナのワクチンでは、ウイルスそのもの（あるいはウイルスの一部）は使いません。ウイルスの**設計図**を利用して、人の体の中で「ウイルスの一部」に似たタンパク質をつくることで免疫を獲得します。

　人体の細胞の中にはタンパク質の設計図である「**mRNA**」があります。細胞内の工場では、「mRNA（設計図）」をもとに人体を形成するタンパク質をつくっています。注射によって、「細胞内の工場」にウイルスの設計図（mRNA）を渡して、ウイルスの一部に似たタンパク質をつくらせ、ウイルスそのものを入れることなく免疫を獲得しよう、というのが今回のワクチンです。この方法を使うと、ウイルスを研究室で増やす必要がなく、ウイルスを増やすための特殊な細胞も用意せずにすみます。しかも、設計図（mRNA）だけなら一度で大量に作ることができるのです。この「mRNA」を使ったワクチン開発の技術自体は20年くらい前からいわれていましたが、実際に使われるのは今回がはじめてです。スピードを求められるコロナ禍でその実力を遺憾なく発揮したといってもよいかもしれません。

　さて、そんな人類の英知を結集した「mRNAワクチン」ですが、紆余曲折がありながら世界中で導入され、現在では0歳以上の子どもたちを含めて接種が可能となっています。残念ながらオミクロン株の登場により、感染予防効果に関してはある程度低下してしまうことが報告されていますが、使用が開始された当初は感染予防も入院予防も事前試験で90％以上有効であり、わたしたち専門家も信じられないくらい高いその予防効果に感動していました。

　ワクチン接種でもう1つ大事なのは**副反応**です。どんなワクチンであれ、体内に異物が入ってくることに変わりありませんから、「腫れたり」「赤くなったり」「痒くなったり」、人によっては「発熱」や「だるさ」が出現すること

があります。毎年打っているインフルエンザワクチンも同様です。今回のmRNAワクチンは世界で約5,000万人がすでに接種していますが、重篤な有害事象の発現率についてはこれまでのワクチンとそれほど変わらないとされています[12]。

　どんなものにも**メリット**と**デメリット**があるように、ワクチンにもメリットとデメリットがあります。ここで大事なのは、メリット（どんな効果があり、どのくらいの有効性があるのか）とデメリット（どんな副反応が、どのくらいの頻度で出るのか）をしっかり確認して、自分にとってどちらがより重要なのかを落ち着いて判断することです。日本は「**子宮頸がん**」の予防に有効な「**HPVワクチン**」の積極的な接種を中止していました（2021年11月26日に積極的な推奨が再開され、定期接種となっています）。HPVワクチンの中止により4,000人もの若年女性が命を落とすことになるという試算も出ており[13]、副反応にだけ着目し、メリットから目をそらしてしまうのは適切ではないと考えます。ワクチン接種によって多くの命が助かる事実から目をそらさずに、冷静に判断していただければと思います。
　新型コロナのワクチンは医療者や高齢者から優先的に接種が始まり、2022年12月時点で5回目の接種が始まっています[14]。

👨‍⚕️ 子どもたちにとって過剰と思われる感染対策へのアドバイス

- 手洗いもマスクも、目的はマナーではなく感染対策
- 夏場のマスクは屋外で距離が確保できるのなら外しても OK
- 次亜塩素酸の噴霧に効果なし（健康被害もあり）！　空間除菌ではなく、換気の徹底を！

【まとめ】
- 感染経路を理解したうえで、特徴に合わせた対策をとる
- 接触感染対策には手洗い
- 飛沫感染対策にはソーシャルディスタンス、マスク、換気
- マイクロ飛沫感染対策には換気、ソーシャルディスタンス、マスク
- 空気感染対策にはN95マスク、換気

● 文　献
 1) Morawska L, Cao J. Environ In. 2020; 139: 105730.
 2) van Doremalen N, Bushmaker T, et al. N Engl J Med. 2020; 382 (16): 1564-7.
 3) Kwok YL, Gralton J, et al. Am J Infect Control. 2015; 43 (2): 112-4.
 4) Chu DK, Akl EA, et al. Lancet. 2020; 395: 1973-87.
 5) Lu J, Gu J, et al. Emerg Infect Dis. 2020; 26 (7): 1628-31.
 6) Oshitani H. JPN J Infect Dis. 2020; 73 (6): 491-3.
 7) Santos I, Lucas S, et al. Cureus. 2020; 12 (12): e12025.
 8) O'Connor C, Courtney C, et al. Clin Exp Dermatol. 2021; 46 (1): 187-8.
 9) 国民生活センター (http://www.kokusen.go.jp/pdf/n-20130430_1.pdf)
10) 消費者庁 (https://www.caa.go.jp/notice/assets/representation_200515_02.pdf.pdf)
11) Tang S, Mao Y, et al. Environ Int. 2020; 144: 106039.
12) Polack FP, Thomas SJ. N Engl J Med. 2020; 383 (27): 2603-15.
13) Yagi A, Ueda Y, et al. Sci Rep. 2020; 10 (1): 15945.
14) 厚生労働省 (https://www.mhlw.go.jp/stf/seisakunitsuite/bunya/vaccine_00184.html)

5. 室内換気

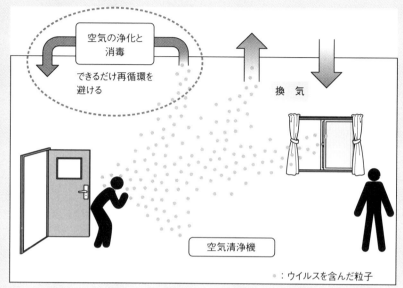

空気の浄化と
消毒

できるだけ再循環を
避ける

換　気

空気清浄機

・：ウイルスを含んだ粒子

対角線上のドアや窓を開けて、一方通行の流れをつくり、空気を入れ替える。

3密空間の救世主、「換気」

　「うわっ、臭い！　誰かおならしたでしょ！　窓開けて！」

　こんな場面、家庭ではときどきあるのではないでしょうか。換気は普段から大事とされていますが、新型コロナウイルス（以下、新型コロナ）感染症でも同じことがいえます。

　第4章でも述べた通り、新型コロナ感染症の感染経路には**接触感染、飛沫感染**、エアロゾル感染があるといわれていますが、会話も接触も全くないにもかかわらず新型コロナ感染症を発症した例がたびたび報告されています。たとえば、スポーツジムや高齢者施設、ライブハウスなど、直接接触していない人にも感染したという事例が増えてきて、どうも「**密閉**」「**密集**」「**密接**」の「3密」を満たす環境では、マスクや手洗いをしていたとしても感染が成立するらしいということが

明らかとなってきたのです[1]。

　では、どうすればよいのでしょうか？　答えは簡単です。窓を開けてください。おならで臭くなった部屋の空気を入れ替えるのと同様に、目にみえない小さなウイルスが部屋の中に充満する前に窓を開けて換気をするだけでよいのです。

換気って、どうすればいいの？

　とはいっても、「どのくらい窓を開ければいいの？」「何分間？」「全開にするの？」「夏場は暑いし冬場は寒いじゃないか」「1日中窓を開けていたらエアコンの電気代がムダになるのでは？」と疑問が出てきますね。

　換気の方法や程度、時間には曖昧な部分がじつに多く、いろいろな報告が出ています。国内では、厚生労働省の推奨によると、「ビルなどの換気は1時間に2回以上室内の空気が入れ替わるような換気をしたほうがよい」とされています[2]。文科省からも学校においては寒い時期であっても常時換気を行うかもしくは「30分に1回以上、数分間程度窓を全開にする換気」が推奨されていますね[3]。常時換気というのは窓側と廊下側の両側を10〜20 cmでいいから開放しておくということです。教室の構造で上の小窓などがあればそちらを全開にするという方法も推奨されています。

　では、換気の回数と感染リスクとの関係は、どのように考えたらよいのでしょうか。これは簡単ではありませんが、目安となる数字があります（表1）[4]。

　部屋の空気が1時間に何回入れ替わるかを「回/h」であらわし、1時間に1回部屋の空気が入れ替わるなら換気回数は1回/hとされます。つまり、「1時間に2回換気（2回/h）」とは、「1時間に2回空気を入れ替えましょう」という意味になります。

表1　換気回数と感染リスクの関係[4]

	1時間あたりの換気回数（回/h）	感染リスクを90%下げるのにかかる時間
窓を締め切って換気していない部屋	0.1〜0.5	5〜25時間
窓を1つだけ開けた部屋	1〜2	1〜2時間
機械で換気された、窓のない部屋	4	37分
広く窓を開けた部屋	10	15分
対角線上に窓を広く開けた部屋	40	5分

あくまで目安ですが、この指標は、以下の要因を考慮して計測しなければなりません。

- その部屋にいる人の数
- その部屋にいる人がどれくらい大声を出したり、会話をしているか
- その部屋の構造や窓の場所
- 入ってくる空気の流速（そのときの風向きや風の強さ）

　日によって上記の要因が大きく変わりますので、難しい計算式を考えて神経質になっても仕方ありません。多くの学校は、窓が大きくて教室のドアも開放しやすい設計になっていますので、「1時間に5分程度でよいから、対角線上のドアと窓を全開にして換気をすること」を目安としてもらえればと思います。

◆こんな部屋では、こんな換気

　では、状況別にみていきましょう。

●対角線上にドアや窓のある部屋

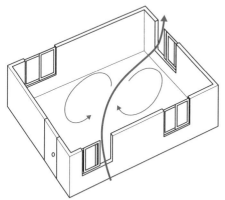

この形式の部屋が一番多いですよね。対角線上に窓を開けて換気ができます。
数分も全開にしておくことで空気が全部入れ替わるといわれていますので30分に1回程度、数分間の窓の開放ができればいいと思います。

● ドアや窓が1つしかない部屋

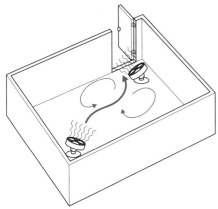

出口が1つしかないのでできるだけ空気が滞留しないようにしたほうがよいですね。
できるだけドアを開放した状態にしておくことと、扇風機などでドアや窓の方向へ向けて一方通行の空気の流れをつくることも有効です（部屋の中の空気を追い出す）。

● よくない開け方

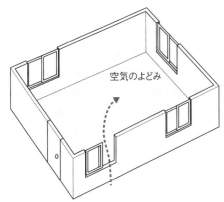

空気のよどみ

窓を1カ所しか開けない。これによりかえって空気が滞留し、よどんでしまう

◆気密性の高い建物では

　最近の学校校舎は、ビルのように気密性が高くて空調システムが整っている建物であることもしばしばあります。こういった建物の場合は空調システムの担当者等に確認して、1時間あたりの換気回数がどう設定されているかを調べてみてください。一般的な建築物であれば、1時間に2回以上部屋の空気が完全に入れ替わる空調システムが完備されていると思います。この換気回数がしっかりと作動している建物であれば、通常の授業においては十分であると思います（中途半

端に窓を開けることで、期待できるはずの空調システムの換気能力が十分に発揮できなくなる場合もあるのでご注意ください)。

◆二酸化炭素濃度の計測

最近ではその空間の空気のよどみを測るために、建物内の**二酸化炭素濃度**の計測を行っている商業施設等もあります。会話が多く、換気の悪い空間では二酸化炭素濃度が高くなることに注目して、その数値で換気の状態を評価しようというものです。専門的ですが、厚生労働省により建物内の二酸化炭素濃度を1,000 ppm 以下にすることが推奨されています[5]が、学校の環境衛生基準では1,500 ppm 以下がよいとされています。CO_2 モニターを置くことで感染者が減ったというエビデンスは現時点ではありませんが、明らかに高い場合は換気が悪い状態であることは間違いないので、1つの目安として使用することも有用かもしれません。

◆空気清浄機って効果があるの？

換気といえば、**空気清浄機**もいろいろな施設で導入されています。空気清浄機の使用は有効なのでしょうか？　結論からいいますと、**効果はあります！　ただし、過信は禁物！　**です。

たとえば、「部屋に漂う粒子を5分で99％除去！」といった広告があるとして、よくみると、「3 m四方（9 m^2）くらいの部屋を完全に密閉して強力に作動させた場合」といった但し書きがあります。3 m四方といえば四畳半くらいの広さを指し、学校のように広い教室に置き換えると現実的な条件設定とはいえないことがわかります。教室くらいの部屋を換気するには相当な換気量が必要ですし、教室は完全密閉ではありませんので、ドアなどから少しずつ漏れ出す空気の影響で効果も不安定になります。それが「過信してはいけない理由」、つまり「**空気清浄機の効果には限界がある**」ということなのです。

確かに空気清浄機で空気を吸引することにより、ウイルスを除去できる可能性はあります。ただし、それには時間がかかるのです。3密状態かつウイルスが空間を浮遊している環境で、「どんなに空気清浄機が稼働していても、ものの数秒で全てのウイルスを吸い尽くせるわけではない」ということです。新型コロナの

最も多い感染経路は「飛沫感染」でしたね。つまり、空気清浄機がどんなに頑張っても、1〜2ｍくらいの距離でおしゃべりをして、発生した飛沫をダイレクトに吸入すれば感染は容易に成立しうるのです。つまり、空気清浄機だけでは太刀打ちできないのです。吐いた息を完全に吸い取ってもらうには、顔の真近で焼肉屋さんにある業務用吸引ダクトをフル回転させるくらいのパワーが必要かと思います。

　なので、**空気清浄機はあくまでもサブ的要素として使うべきです。**空気清浄機だけで感染リスクを抑えるのは難しいため、通常の飛沫・接触感染対策とセットで使用する必要があります。

　なお、空気清浄機で吸引した空気中の粒子は本体の中で捕集されないと、そのままもう一度空気中に排気されてしまいます。ウイルスなどもしっかりと捕集してくれるフィルターを「**ヘパ（HEPA）フィルター**」といいますが、こういったフィルターがついている商品を選んでいただくのがよりよいと思います。

どうしても３密を避けられないときは

　更衣室や放送室、狭い会議室など、どうしても３密を避けられない環境があるのも事実です。こういった場合は、どのように考えればよいのでしょうか？

　ヘパフィルター搭載の有効な空気清浄機を置くというのも１つの考え方と思いますが、ここで「**時間**」という概念も考慮に加えてみましょう。「時間」というのは「**短時間にする**」ということです。ウイルスは吸入すると感染が成立しますので、直接飛沫を吸入しない（浴びせ合わない）対策さえとっていれば、換気の悪い室内にほんの数分間一緒にいただけで感染することは稀なのです。**第４章**でお話しした中国のレストランでの例も、隣の席に座っていた家族は感染しましたが、同じ飲食スペースに出入りしていたウェイターは感染しなかったのです！また、感染が発生したテーブルのすぐ隣のテーブルに座っていた客には感染はみられませんでしたが、その滞在時間に注目すると、感染が発生したテーブルの客は50分程度、隣の席でも感染しなかった客では18分程度といわれており[6]、接触時間が短いことがとても重要といえます。

　つまり、「程度の差はあれ学校内での３密はどうしても起こりうる。でもその空間に入らざるをえないときは、できるだけ滞在時間を短くする」ということに

なります。この場合、空間にウイルスが増えないように大声による会話をしないようにしたり、必要に応じてマスクをすることも考慮されます。そのうえで、可能な限り換気はしたいところです。

🧑‍🏫 子どもたちにとって過剰と思われる感染対策への
アドバイス

- 対角線上のドアと窓を全開にする換気なら、1時間に1回、5分以上は行う
- 3密空間でも接触時間が短ければ、感染リスクは低い

【まとめ】
- 空気中にウイルスが漂ってしまうのは換気が悪い3密空間が原因
- 3密空間では感染リスクが高くなる
- 1時間に5分、対角線上に窓とドアを開ける
- 感染症の流行期にどうしても3密が避けられない場合、滞在は短時間にし、おしゃべりはひかえる

- 文　献
1）Oshitani H. JPN J Infect Dis. 2020；73（6）：491-3.
2）厚生労働省（https://www.mhlw.go.jp/content/10900000/000618969.pdf）
3）文部科学省（https://www.mext.go.jp/content/20220404-mxt_kouhou01-000004520_01.pdf）
4）欧州疾病予防管理センター（https://www.ecdc.europa.eu/sites/default/files/documents/Heating-ventilation-air-conditioning-systems-in-the-context-of-COVID-19-first-update.pdf）
5）厚生労働省（https://www.mhlw.go.jp/stf/newpage_15102.html）
6）Li Y, Qian H, et al. Build Environ. 2021；196：107788.

6. 手洗い

接触感染を避けるために、**最も大事なのは手洗い**。アルコールでも構わない[1]

1. 手のひら

2. 手の甲

3. 爪

4. 指のあいだ

5. 親指

6. 手首

外から中に入るとき　咳やくしゃみ、鼻をかんだとき　食事の前

掃除のあと　トイレのあと　休み時間のあとや、共有物を触ったあと

・ものを触ったら手を洗う習慣を！
・15秒以上は洗う
・洗い残しに注意

手洗い、ちゃんとできていますか？

　ウイルスによる感染症は、手を介して感染が成立することが圧倒的に多い、というお話を第4章でしました。ウイルスのついた手で、無意識に顔を触ってしまうことで、口や鼻、目の粘膜などからウイルスが体内に入り、感染が成立してしまうというお話でしたね。ですが裏を返せば、ウイルスに触れた手をしっかりと洗えば口や鼻、目などの粘膜からの感染を防ぐことができるということになります。

　ではここで質問です。皆さんは**手洗い**と聞いて、どのようなイメージをお持ちですか？　「手を水で濡らして石鹸をつけてゴシゴシ洗う」というイメージではないでしょうか。もちろんその通りです。でも、実際には**適切な手洗い**ができている人なんて数えるほどしかいません（本当です）。意外かもしれませんが、医療者ですらほとんどの人ができていないのではないかと思います。きちんとした手洗いというのは、じつは結構難しいものなのです。基本的なことなのにできている人が驚くほど少ない。ですが、ちゃんとできるようになれば、感染対策とし

てこれほど有力な手段はありません。だからこそ、子どものときからしっかりと身につけさせてほしいのです。

手洗いの効果

「手を洗う」とは、「手についている汚れやばい菌、ウイルスを除去する」という行為です。手洗いによって手の表面についているウイルスがどのくらい流れ落ちるのかについて、表1にまとめました。

表1　ウイルスの残存率[2]

手洗いの方法	ウイルス残存率
15秒間流水で手洗い	約1%
ハンドソープで30秒もみ洗いし、流水で15秒すすぐ	約0.01%
ハンドソープで60秒もみ洗いし、流水で15秒すすぐ	約0.001%
70%アルコールで消毒	0.001%以下

これをみると15秒間流水で洗い流すだけでも残存率約1%までウイルスが落ちることがわかります。つまり、水洗いの場合はおおむね15～30秒以上はしっかりと洗う必要があるということですね。加えて、石鹸を使うことでより効果の高い手洗いができます。よく勘違いされているように思いますが、石鹸は菌やウイルスを無力化しているわけではなく（最近では殺菌作用のあるものもありますが）、手についた菌やウイルスを浮かすという効果があるのです。そしてその浮かせた菌やウイルスを水で洗い流すわけです。いいかえれば、石鹸をつけただけでこすらずに流してしまう洗い方や、流れている水道水で手や指先を濡らしただけでは手洗いの効果はとても低くなり、「適切な手洗い」とはいえません。生徒さんの中に、「冷たい水を触りたくないから」「面倒だから」と、不適切な手洗いをしている子どもはいませんか？　なぜ「正しい手洗い」が大切なのか、理由の説明とともに、子どもたちが常に「正しい手洗い」を実践できるよう指導することが、重要な感染対策の1つであることがおわかりいただけたのではないでしょうか。

「アルコール」vs.「流水＋石鹸」

　アルコールに関してはどうでしょうか。ウイルスにはエンベロープという表面にスパイク状のタンパク質がついた「脂質の膜をもつタイプ」と「もたないタイプ」があります（図1）。新型コロナウイルス（以下、新型コロナ）やインフルエンザウイルスは膜をもつタイプ、ノロウイルスは膜をもたないタイプです。アルコールは、新型コロナやインフルエンザウイルスが全身にまとっているこのエンベロープ（脂質の膜）を破ってウイルスを殺してくれるのです。だから、新型コロナ蔓延防止のためにアルコールで消毒しているわけです。物理的に浮かして洗い流すのではなく、ウイルス自体を殺してしまうことが目的だから、"洗浄"ではなく"消毒"というのですね。アルコールは手についたらすぐに揮発しますが、この揮発するときにエンベロープが破られウイルスが死滅します。

　そうです、アルコールは「洗い流す」のではなく、手指にしっかりとこすりつけて「揮発させる」ことが最も大事なのです。しっかりと手指につけたら数十秒で揮発して、ウイルスを瞬時に死滅させてくれるので効果も数十秒のうちに出ます。しかも、流水による手洗いの100倍以上の効果が期待でき、何より水道も必要とせず、歩きながらでもどこでも消毒できます。いつでもどこでも気がついたときにシュッシュと手を消毒することができるのです。忙しい医療現場ではいつでも消毒ができるよう、スタッフがアルコールの入った容器を腰につけて歩き回っている施設もあります。

◆アルコールの欠点

　どこでも使えるしウイルスを効果的に瞬時に死滅させられる。ここまで読むと、アルコールのほうが簡便だし、効果も高そうにみえて、むしろアルコールのほうを積極的に使いたくなりますよね。でもアルコールにも弱点があります。

　①手荒れ
　②物理的な汚れは落とせない
　③エンベロープを持たないウイルスには無効
　④アルコール濃度が安定しないと消毒効果が落ちる

の4つです。どういうことなのか、1つひとつみていきましょう。

①手荒れ

　新型コロナの流行により手洗いの頻度は格段に上がっていますし、そのことを実感されている人も多いと思います。しかし皮膚がアルコールに弱い子もいますし、そうでなくても頻回の手洗いで手荒れしてしまう子もいるでしょう。先生の中にも手荒れしてしまっている方も多いかもしれません。アルコール消毒をすると、皮膚の表面にある皮脂も一緒に取り去ってしまいます。皮脂はばい菌の侵入を防ぐバリアであるとともに、皮膚の水分を保持する機能もあります。この皮脂が減少すると皮膚の水分が蒸発するのを防ぐことができず、乾燥してしまうため手荒れに繋がるのです。

　手荒れがあると痛いから手洗いしたくなくなるし、しても不十分になりやすく結果的に感染対策効果が低下します。最近では皮膚を保護するジェルや保湿成分入りの手指衛生アルコールなどもありますので、こういったものを使用するのもよいでしょう。手を洗うときも極端な冷水や熱湯ではなく、ぬるめのお湯などを用いることも乾燥予防に有効ですし、洗ったあとはきちんと優しく拭きとることです。水分が残っていると刺激となり手荒れの原因になってしまいます。ほかにも手洗い後のハンドクリームの使用や寝るときに綿手袋を着用することで保湿状態を保つことも手荒れ改善に効果的です。ただどうしても手荒れがひどいときはステロイドなどの軟膏が必要となるので、皮膚科の先生にきちんと相談をしたほうがよいと思います。

②物理的な汚れは落とせない

　前述した通り、アルコールは流水による手洗いのようにウイルスを洗い流すのではなく、こすりつけて揮発させることでウイルスを殺し、手を清潔にします。つまり、アルコールは汚れを落とすのではなく、細菌やウイルスを破壊するのが目的です。なので、土や泥、食べ物がついた手などに使っても、これらの汚れを落とすことはできません。さらには、タンパク質成分を固める性質をもつため、汚れた状態で使用すると、かえってその汚れが目にみえないレベルで手に固着してしまいます。つまり、アルコールは目にみえる汚れがある場合は使用してはいけないのです。目にみえる汚れがある場合は流水と石鹸で洗い流してから、必要

に応じてアルコールで消毒をするようにしましょう。ちなみに、水にぬれたままアルコールを使っても消毒の効果はありませんので、しっかりと水気を拭き取ってから使うようにしましょうね。

③エンベロープを持たないウイルスには無効

　先ほど、アルコールはエンベロープを破壊することでウイルスを殺すことができるとお話ししました。エンベロープは、ウイルスが分厚くて温かい服を着ているようなものです。アルコールによって着ている分厚い服を引き剥がしてしまえばむき出しになって生きていけないわけです（図1）。

　一方、ノロウイルスはエンベロープに覆われていないつるつるのウイルスです。もともと分厚い服を着ている必要もなく生きていられるのだからアルコールを用いても引き剥がすものもなく、いくらアルコールで消毒しても殺すこともできないのです。だからノロウイルスが流行する時期はアルコールではなく**次亜塩素酸**などの別の消毒剤を用いるか、手指であれば流水と石鹸で洗い流すのが大事になりますね。

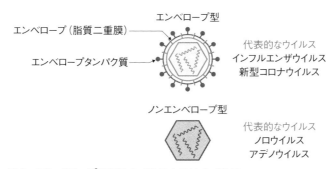

図1　エンベロープのあるウイルスとないウイルス

④アルコール濃度が安定しないと消毒効果が落ちる

　アルコールならどれでも有効というわけではありません。おおむね60〜90％のエタノール濃度ではじめて有効といわれます[3]。濃度が高すぎても低すぎても効果は落ちるとされています。また、揮発しやすいため、しっかりと密閉できる容器での保管が必要です。薬局などで購入されることが多いと思いますが、ボトルに記載されている成分や濃度表示をしっかりと確認されることをおすすめしま

す。プッシュ式容器の場合、メーカーにもよりますが、**開封後半年～1年で使い切るのが理想的**とされていますので、早めに使い切ることを心がけましょう。また、アルコールはアルコールでも「メタノール」は絶対に使用禁止です。万が一誤飲してしまった場合は失明する可能性もあるため通常の消毒には使いません。

　ちなみにウェットティッシュなどのアルコールはだいたい30％くらいです。しかも開け閉めのたびに揮発するため濃度はどんどん薄まっていき、最終的にはおそらくアルコールの効果はほぼなくなっていると思っていただいてよいと思います。なお、アルコール（エタノール）を使った製品には、必ず「**火気厳禁**」「**火気注意**」などの注意書きがあると思います。アルコール（エタノール）は引火性がとても高いものですので、子どもがストーブなど高温になる場所やその近くで使わないよう、**使用環境にくれぐれもご注意ください**。

　表2に、「アルコール」と「流水＋石鹸の手洗い」の特徴をまとめました。

表2　手洗いの特徴

	アルコール（エタノール）	流水＋石鹸
洗い時間	30秒以上	30秒以上
コスト	高い	安い
利便性	どこでもできる	水道が必要
手指への影響	手荒れをする人がいる	手には優しいが、しっかりと水気をとる必要あり
物理的な汚れ	落とせない	落とせる
安定性	60～90％の濃度が必要	水道水なら日本中どこでも可能

　「アルコール」と「流水＋石鹸の手洗い」はどちらも利点と欠点があります。ですが両方を同時に行う必要はありません。それぞれの状況に合わせて使用するのがポイントです。医療現場においては「通常の業務中に患者さんやドアノブに触れるときはアルコールによる手指消毒を行う。目にみえる汚れ（体液、血液など）がついたときや頻回のアルコールでべたつきが出たときなどは流水＋石鹸による手洗いを行う」というのが一般的です。ぜひ参考にしていただければと思います。

手の洗い方

　さて、30秒かけて手を洗うといっても、ただ両手のひらをゴシゴシとこするだけでは意味がありません。手洗いにはしっかりとした順序があります。図2を

みてください。これは、汚れに見立てた特殊な塗料を手に塗ってから手を洗い、撮影したものです。特殊な光を当てることで、洗い残した部分が光ってみえます。

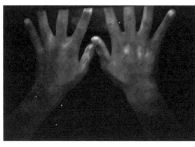 

図2　洗い残し：右の写真は特につめや指のあいだに洗い残しが目立つ。左の写真も指先や指のあいだ、手の甲に洗い残しが目立つ

　指先や手の甲などが光っていますね。手のひらをこすり合わせるだけの手洗いでは、どうしても洗い残しが出てしまうのです。なので、図3のように順番通りに30秒間かけて洗う必要があります。「順番通りに」という点はアルコールによる手指消毒でも一緒です。

①手のひら同士をこすり合わせる

②手の背側を、指のあいだを中心にこすり合わせる

③爪を立てるようにして手のひらに乗せてこする

④手の指のあいだをこすり合わせる

⑤親指をねじるように両手とも洗う

⑥手首をねじるように洗う

図3　手の洗い方

◆やってみよう！

　図3のような「手洗いの手順」をあちこちで見かけるようになったと思いますが、ここでもおさらいしましょう。「ハッピーバースデイ」を2回とか、あるいは「どんぐりころころ」を2回歌いながら洗うとちょうどいい時間になるようです。

【手洗いの手順】
液体石鹸を使用する場合、商品にもよりますが、**1〜2プッシュ**が目安となります。
　①手のひらどうしをこすり合わせます。
　②手の甲と指のあいだを中心にこすり合わせます。手のひら同様、しっかりと洗いましょう。
　③爪の先を手のひらに乗せてこすります。手のひらに爪を立てるようにして、爪のあいだまで洗いましょう。図2をみてもわかるように、ここも洗い残しをしやすいです。
　④指のあいだをこすり合わせます。指を組むようにして指のつけ根までしっかり洗いましょう。
　⑤親指をねじるようにして洗います。親指は、じつは洗えているようで洗えていないので、ハンドルを握って回すようにして洗います。
　⑥手首をねじるようにして洗います。
　　「手洗いなのに手首まで洗うの？」と思われるかもしれませんが、手首にもばい菌やウイルスはついていますし、無意識に手首の周りを触っていることも多いのです。服の袖をまくって、できれば腕時計も外して、しっかりと洗いましょう。

　最後に流水で洗い流して、清潔なタオルやペーパータオルで水を拭き取って完了です。ちなみに、水を拭きとるときはこすらずに、ポンポンとたたくようにするとなおよいです。このように手をふく理由は、こすると落としきれなかった汚れなどをかえって拡げてしまうからです。また、たたくようにすることで摩擦が減り、手荒れ防止にもつながります。

コラム　マクドナルドの手洗い教室

　手洗いに関して「適切な手洗いを教えてくれるのはお母さんと学校とマクドナルド」という言葉があります。じつはマクドナルドでは**手洗い教室**というものがあって、子どもたちに適切な手洗いを教えてくれます。もちろん、そこで働く従業員に向けても徹底した**手洗いマニュアル**があります。「マクドナルドで働くと風邪をひきにくい」という逸話があるほどです。でも、大人になってしまうとマクドナルドで働くことでもない限り正しい手洗いを一から教えてもらう機会などありません。もちろん、手洗いを教えてもらうためだけに、今からマクドナルドにエントリーシートを出すわけにもいかないでしょう。だからこそ、子どものうちにしっかりと手洗いを覚えておく必要があるのです。そして、それを大人になっても忘れないように励行し続けることです。自転車は一度乗れるようになれば乗り方を忘れることはありませんね。それと同じように、一度覚えたら忘れないくらい繰り返し練習して体にしみこませる必要があります。

手洗いの頻度

　「何を触ったあとに手洗いをすべき？」「授業が終わるたびに手を洗うの？」「授業前の手洗いは必要？」と、手を洗うタイミングや頻度に迷うこともあると思います。学校における対策としては、以下の6つの場面での手洗いが文部科学省より推奨されています[1]。

- 外から中に入るとき
- 咳やくしゃみ、鼻をかんだあと
- 食事の前後
- 掃除のあと
- トイレのあと
- 共有物に触れたあと

　こうしてみてみると、かなり頻回に行うことになりそうです。もちろん頻繁に洗うことで手をより清潔に保つことはできますが、手荒れの問題などもあり、なかなか難しい場合もあるでしょう。そこで、以下の2つのタイミングを原則とし

て手洗い指導を行うのがよいと思います。

①明らかに手が汚れているとき
②手で顔に触るような行為の前

たとえば、「**外遊びから戻ったとき**」や「**トイレのあと**」「**掃除のあと**」などは、いろいろなものを触って手が汚れています。そして、「**食事など手を口や鼻に近づけたり触ったりする行為の前**」はウイルスが口や鼻に入る可能性があります。これらのタイミングは絶対に手洗いが必要でしょう。

このようなタイミングを原則として、迷ったときは原則を応用して考えればよいのです。たとえば、授業の前後などは特に何かに触ることもないため、手洗いが絶対必要というわけではないということができます。

上記の①②で述べた「手洗いのタイミングの原則」は、「自分を守るための接触感染対策」です。これにプラスアルファとして、ドアノブや階段の手すりなど、「人がよく触る部分をしっかりと消毒すること」が、「大勢の人を守るための接触感染対策」になります。この両方がしっかりできていれば十分だと考えられます。
ところで、「外から帰ったとき」「食事の前」「トイレや掃除のあと」の手洗いは、別段新しい話ではないはずです。読者のみなさんが子どもの頃もいわれていた「常識」ではないでしょうか。そう、極めて常識的なタイミングでの手洗いを徹底すればそれで十分なのです。大事なことは昔から変わっていないのです。

 コラム　新型コロナの接触感染の頻度と手洗いの関係は？

　　新型コロナが出てきてから3年以上が経過しています。感染経路も徐々に明らかになってきている中で、接触感染はどのくらい寄与しているのでしょうか。また、手洗いによる接触感染の抑止についても気になるところです。
　　2021年の報告では無生物(壁やドア、ものなど)に触れたあとで感染するリスクは10,000回接触したら1回感染しうるレベルといわれています[4]。かなり低く感じますね。ウイルスが付着していると思われるものに1万回触ってやっと1回感染成立するということです。そうするとおそらくこの新

型コロナは接触感染からのケースはそれほど多くないだろうと考えられています。環境には確かにウイルスは数時間〜数日間生存しうるといわれますが、実際に感染が成立することはあまりないようにも見えます。

とはいうものの、手洗いによって明らかに学校での2次感染リスクが低下したという報告や、インフルエンザにおいては感染者の発生を半減できたという報告もあります。ただし、手洗いをしているかどうかだけで評価することはできないという一面も持ち合わせています。手を洗う人はもともと感染対策の意識が高いため普段から3密回避やマスク着用などもきちんとしていることが多いとも考えられるので、純粋に手洗いの有無だけで評価するのは難しいのです。

総じて、接触感染のみで感染するリスクは高いとはいえないかもしれませんが、**手洗い**自体は新型コロナだけではなくほかの感染症に対しても有効であり、どんな感染症への対策においてもなくてはならない行為です。子どもたちがきちんとした手洗いをできるように指導してあげてくださいね。

子どもたちにとって過剰と思われる感染対策へのアドバイス

- 頻回の手洗いで手が荒れる場合は保湿成分の入ったアルコールを使用する
- 汚れがあるときはアルコールではなく、水で洗い流す手洗いをする
- 手洗いのタイミングは、手が汚れているときと食事前。ポイントをしぼって行う。

まとめ

- 流水での手洗いは30秒かけて、しっかり洗い流す
- 石鹸を使うことで、手洗いの効果がより高くなる
- アルコールはしっかりと擦りつけることで効果を発揮する
- アルコールと流水どちらを使うかは状況に応じて判断
- 適切な手洗いを身につけ、洗い残しがないようにする

- 文　献
1）文部科学省（https://www.mext.go.jp/content/20201203-mxt_kouhou01-000004520_01.pdf）
2）森功次，林志直，他．感染症誌2006；80（5）：496-500.
3）日本環境感染学会（http://www.kankyokansen.org/uploads/uploads/files/jsipc/COVID-19_taioguide3.pdf）
4）CDC（https://www.cdc.gov/coronavirus/2019-ncov/more/science-and-research/surface-transmission.html）

7. マスク

マスクの種類

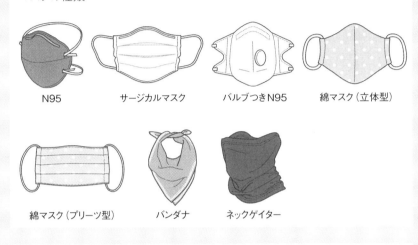

N95　　サージカルマスク　　バルブつきN95　　綿マスク（立体型）

綿マスク（プリーツ型）　　バンダナ　　ネックゲイター

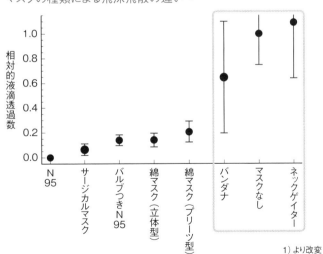

マスクの種類による飛沫飛散の違い[1]

想定的液滴透過数：マスクを通り抜ける飛沫の数（マスクなしの場合を1とする）
N95やサージカルマスクでは飛沫の拡散を抑えているがネックゲイターやバンダナはかえって飛沫を拡散させる結果になっている

マスクは正しくつけよう
①鼻と口をカバーし、すき間をつくらない
②鼻を出したり、顎にマスクをつける行為には感染予防効果がないため、してはダメ
③マスクの表面は絶対に触らない（癖で触る人が結構います）
④置くところがないからといって腕に巻いたりしない
⑤丸めてポケットに入れて保管しない
⑥捨てるときは袋に入れて燃えるゴミに出す
⑦マスクを外すときは、ひもの部分をつまんでゆっくり外す
⑧マスクをやむをえず外すときは、直接机の上などには置かずに清潔な紙の上やビニール袋に
　入れるか、もしくはフックや洗濯ばさみなどでぶら下げて、環境表面を汚染しないこと

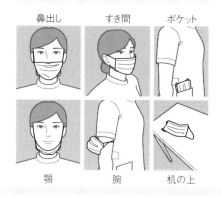

正しくつけてはじめて感染対策になります。
つけているつもりでは感染リスクが上がります！

鼻出し　　すき間　　ポケット

顎　　　　腕　　　　机の上

　この新型コロナにおいてマスクも大きく議論されました。つけることとつけないことに関して視点（注目点）が異なるために意見が全く噛み合っていないことが原因であると思います。まず、マスクに関して間違いなくいえることを先に伝えておきましょう。

①マスクの着用は間違いなく新型コロナの感染予防に効果がある
②どんなにマスクをきちんとつけていても長時間の接触では感染が成立しうる
③実際にはそこまで徹底してつけられていない

マスクをつけても感染するのであれば新型コロナの患者さんにずっと対応してきたわれわれ医療者はすでに何度も感染しているはずですが、2022年10月現在

においても、そのような報告は出ていません。むしろ「新型コロナとわからなかった人」からの感染や、新型コロナの診療をしていない施設でのクラスター発生が多く報告されています。マスクを着用することが感染対策になるのは疑いようのない事実ですが、ウイルスが多すぎる（長時間の暴露）なら、マスクをしていても感染が成立することはあります。また、マスクをつけていたのに…といっても実際には鼻を出していたり、性能の低いマスクであったり、表面を触ってずらしているケースも多くあり、常に100点満点の着用ができている人は医療者を含めおそらくいないと思います。

　0か1かという考え方をしてしまうと、「マスクをしていても感染した＝マスクは無駄」という結論になってしまいますが、世の中そんなにクリアカットにはできていませんよね。状況による差はありますが、マスクの感染予防効果はあります。とはいえ、「だから絶対つけるべし」ということでもありません。マスクの着用を徹底できるか、感染の頻度やリスクなどから、状況ごとに着用するメリットがどの程度あるのかを考えて推奨を決めることになります。誰かにいわれたからつける、つけないというのは感染対策ではありませんね。

子どもとマスク

　2019年までとはうって変わって、2022年まではマスクをしていない人を探すことはツチノコを探すのと同じくらい難しいのではないか、と思うくらいでした。「感染対策といえばマスク」という様相です。それが、徐々に屋外や人との距離を十分に確保できる場所を中心に、マスクを外す人も増えてきました。

　2022年の時点では、日本での子どもへのマスク着用は
- 就学児：屋外では人と距離が確保できたり、離れておこなう活動であれば着用不要
　　　　屋内では人と距離が確保できて、会話が殆どないときは着用不要
　　　　学校生活では屋外の活動や運動、登下校の際は着用不要
　　　　ただし、高齢者と接したり病院へ行くときはマスクを着用する。
- 就学前児：2歳未満のマスク着用は推奨しない
　　　　　2歳以上は着用を一律には求めないが、着用の際は大人が子どもの体調に十分注意した上で着用する

としています[2)] しかし、これも5類への移行を前に、（2023年3月13日をもって）大人も含め、マスクの着用は個人の判断となりました。

　小さい子のマスク着用を推奨していないのは、嘔吐時の窒息やマスクによる窒息のリスクがあることや、熱中症を引き起こす恐れもあること。また、顔色がわからなくなるにも関わらずきちんとした着用ができずに感染予防効果も期待できないと考えられるからです。むしろ2歳未満の子どもが感染する場合は大人から感染することが多いため、まわりの大人がきちんとマスクをすることが子どもの感染対策になり、子どもを守ることにつながります。マスクは、大人が子どもを間接的に守ってあげるために使用するものだと考えましょう。

　最初にお話しした通り「つける場合とつけない場合、それぞれのメリットとデメリット」がきちんと考慮されているんですね。

　さらにWHOでは、以下のように年齢ごとにマスク着用についての推奨レベルを設けています[3)]。

- 5歳以下：マスク着用は一般に不要だが、病気の人と会うときは保護者がつけてあげることも検討する。
- 6〜11歳：地域の感染状況に応じた着用が推奨される。換気の良し悪しに関わらず密集しているところにいるとき。または高齢者や基礎疾患がある重症化リスクの高い人との接触時は着用が推奨される。
- 12歳以上：通常の大人と同様

　つまり小学生以下の子どもにおいては、地域の状況によって、マスクをしないことも考慮されるわけですね。しかし子どもたちを守るのは、前述の通りまわりの大人です。まわりの大人と12歳以上の子どもたちには、適切にマスクを着用するための知識が必要です。では、なぜマスクをつけなければならないのでしょうか？　そしてマスクにはどういった効果があるのでしょうか？　本章では次の点について詳しくお話ししていきます。

- マスクは自分の鼻や口から出る飛沫を抑えるもの
- マスクの種類はとても大事
- マスクは適切に使用することではじめて意味がある

• そのマスクは誰のため？

マスクは自分の鼻や口から出る飛沫を抑えるもの

　まず、マスクとは何でしょうか。マスクとは「鼻と口をしっかりカバーして、花粉やホコリなどの粒子が体内に侵入したり、咳やくしゃみの飛沫が飛散するのを抑制する布や不織布などでできた衛生用品」です。しっかりとぴったりと「鼻と口をカバーしてくれるもの」です。

　マスクの主な目的は「自分の鼻や口から出る飛沫の拡散を防ぐ」ことにあります。なぜ飛沫かというと、飛沫の中にウイルスがいるからです（第4章）。それをマスクでトラップする（捕らえる）ということですね。

　なので、マスクに求められる機能は、口と鼻をしっかりと全部カバーして、フィルター面の横漏れもしない堅牢な構造です。つまり、全ての空気をマスクのフィルターを介して出し入れできるのが理想です。

　その他のマスクの用途としては、「顔に直接触れる回数を減らすためにつける」「保湿するためにつける」「防寒として使用する」などいろいろありますが、感染対策としての目的だと、やはり飛沫を抑えるという点が最も重要です。

マスクの種類はとても大事

◆マスクの種類

　数あるマスクの中で、もっともバランスがよいのはわれわれ医療者が病院で使っている**サージカルマスク**という、いわゆる**不織布**でできたマスクです。このサージカルマスクは、今でこそどこでも売られていますが、2000年頃から使われるようになったので、おそらく読者の多くが子どもの頃にはあまりみかけたことがなかったのではないでしょうか。

　そのほかには、2020年に政府から配られたタイプの**ガーゼマスク**、小さな菌やウイルスの流入も防ぐ**N95**という高性能なマスク、そして各メーカーが出しているいろいろな素材のマスクなど、多岐にわたります（**冒頭イラスト**）。

繰り返しになりますが、感染症専門医として最も使い勝手がよいのはサージカルマスクと考えます。使い捨てができて、性能が高くて、軽くて蒸れなくて、持ち運びも便利です。ガーゼマスクは洗うことができますが、顔とのすき間ができやすい点と、マスク自体のフィルター構造のすき間が大きいという欠点があります。

　N95タイプはとても目が細かくて小さなウイルスの侵入も防ぎますが、その分息苦しく、使用前に空気の漏れがないかを専門の機械でチェックする必要があるうえ、ズレやすく、ズレると効果が極端に落ちるので適切に使用できる場合のみの使用となります。新型コロナなど感染力の強い感染症の患者さんと接する医療者が着用のトレーニングを受けたあとに使用するものであり、普段使いできるものではないという欠点があります。

◆マスクの性能

　マスクの性能は、**密着具合**とフィルターの目の細かさで決まります。その性能は、「粒子捕集率や細菌飛沫捕集効率（BFE）」「ウイルス飛沫捕集効率（VFE）」「微小粒子濾過効率（PFE）」などといった数値で表されます。こういった数値が**95％以上であることが**医療用マスクの一般的な条件とされます。

　じつは、市販のマスクのパッケージにもこれらの数値が記載されていますので、確認してみましょう。ただし、あくまでもフィルターの目の細かさは飛沫を捕集するためのものであり、実際にウイルスをどのくらい捕集できているかをはっきりと担保しているわけではありません。飛沫を捕集できているなら飛沫中のウイルスも捕集できているだろう、という前提で計算されています。マスクの性能はこういった試験で評価されていますが、実際にどの程度効果があるのかはわかりません。数値目標だけクリアしても、実際に使ってみたら全然ダメだったというものは、いくらでもあると思います。

　また、素材による違いがあるのも事実です。思い切っていっちゃいましょう。「通気性がよい」とか「息がしやすい」とか「夏用」とか、そんなものには飛沫の飛散防止効果などありません！　重要なのは、どれだけすき間を減らせるかです。「通気性がよい」ということは、「ウイルスが出入りしやすい」ということになるわけですから、ウイルスにとっては通気性がよいマスクほど通過し放題でうれしいはずですよね。

N95という医療者が使用する高性能のマスクはとても息がしづらいです。つまり通気性が悪いぶんウイルスも通れません。次いで、効果があるのはサージカル（不織布）マスクです。一般的にはこのタイプを選ばれることがよいと思います。一方でガーゼマスクやウレタンなど目のあらい布でできたものはやはり効果が劣ります（**冒頭のグラフ**）[1]。

　今皆さんが使っているマスクのパッケージをよくみてください。「花粉症用」などと書いてありませんか？　「新素材」などと書かれているだけでVFEやBFEの記載がないものはありませんか？　何も記載がないということは、つまり「ウイルスを防ぐ医療用ではない」のです。現場の医療者は、市販のウイルスを防ぐ医療用マスクの中では、サージカルマスク以外はほぼ効果がないと思っています。また、マスクではなくバンダナやネックゲイター、グラフには入っていませんがフェイスシールド、マウスシールドなども顔とのあいだがすき間だらけで密着できていないため、むしろ感染リスクが上昇する可能性があり、着用をすすめられる場面は極めて限定的です。こういったことから日本ではマスクの性能をある程度担保するために2021年に**JIS規格**を制定しました。医療用と一般用それぞれの基準を設け、市販のマスクがその基準に見合っているかを評価しています。もしどのマスクがよいか迷ったらJIS規格をきちんと満たしているものを選ぶのも1案です。

　また、サージカル（不織布）マスクは使い捨てが原則で、1日使ったら処分することが推奨されています。洗濯すると穴が開いたり、不織布の構造が壊れて性能を維持できなくなりますので、何回も使うことはおすすめしません。また、マスクは濡れることで効果が低下します。濡れて目づまりを起こしたマスクは、通過できなくなった空気が口の横のすき間などから出入りするようになります。結果的に飛沫をトラップする、つまり飛沫が飛散するのを防ぐことができなくなるのです。夏場に冷感を保つためのマスク用スプレーなども販売されていますが、マスクはできるだけ乾燥させて使いましょう。長時間マスクをつけていると汗や飛沫によって濡れてしまうことがあるので、替えのマスクを数枚用意しておくのもおすすめです。

マスクは適切に使用することではじめて意味がある

◆マスクをつける

　前述の通りマスクは、「口や鼻から出た飛沫をフィルターでトラップする」「すべての空気を、フィルターを通して出入りさせる」ためのものですので、正しくつける必要があります。つけるときは

☑しっかりと口と鼻の両方が覆われているか
☑サイズは大きすぎず小さすぎず、簡単にズレてしまわないか
☑鼻ワイヤーを折って顔にフィットさせ、口や鼻の横から空気が漏れないか
　（図1）
☑表裏や上下を間違えて装着していないか

などを確認しましょう。

図1　鼻ワイヤーを折って顔にフィットさせ、鼻と口をしっかり覆う

　上下や表裏に関しては不織布の場合、プリーツを広げたときに膨らむほうが外側です。パッケージに書いてあることもありますので確認しましょう。最近は向きがわかりやすいよう、マークのついているものも増えましたね。
　また、つけているあいだもマスクはズレていきます。そのたびにマスクの表面に触れるといった行為は、その手にウイルスが付着することになり、接触感染の

原因になります。マスクがズレた場合はできる限り表面に触れず、ゴムや縁の部分をつまんで位置の調整をしましょう。マスクをつけているときの注意点としては、以下の通りです。

☑マスクの表面を不用意に触らない
☑マスクの位置調整はゴムや縁をつまんで行う
☑耐用時間を超えたり破れたりしているものは使用しない
☑食事中などに顎にずらさない

顎にずらしてつけると、食事中の汚れなどが付着してマスクの汚損につながります。面倒でも1回1回外すよう、子どもたちに指導していただければと思います。

◆マスクを外す

マスクを外すときは以下の点に注意してください。

☑表面を触らずゴムの部分をつまんで外す
☑外したマスクは机やテーブルなどの環境表面に触れさせずに直接ゴミ箱に捨てる（可能なら個別にビニール袋などに入れる）
☑いったん外して再利用するときは、ぶら下げるなどしてほかのものに触れないようにする
☑外したマスクは机や床に直接置いたり、腕に巻いたり、ポケットに入れたりしない
☑マスクケースやファスナーつきポリ袋は「新しいマスク専用」とする

マスクケースは、使用したマスクを出し入れするうちに外側内側ともに表面が汚染されます。マスクケースは、基本的に新しいマスクを入れるためだけに使うよう、指導するのがよいでしょう。

マスクをして動いたり話したりして、マスクが少しズレるだけで効果は劇的に変化（低下）します。適切に使用しないと、「つけている」という安心感だけでは感染対策になりません。適切な使用方法を指導いただければと思います。

そのマスクは誰のため？

　皆さんはマスクをつけていない人を「感染対策をしない人だ」と思いますか？逆にマスクをつけている人を「いつまでもコロナを怖がってマスクをつけている人だ」と思うでしょうか？　これらはどちらも極端な考え方ですね。マスクは感染対策のためにつけるものであり、自分と周りを守るためにつけるものです。人に外すことを強制するものではないですし、感染が流行していない時期で感染リスクの低い広い場所において強制するものでもありません。

　マスクをきちんと着用することは確実に感染リスクを低下させますが、**不適切な着用での有効性は極めて限定的**です。「マスク単独では効果がない、手洗いと組み合わせてはじめて有効となる」という論文もあります[4]。気にかけてほしいのは、「感染対策」を目的としたマスク着用なのか、それとも「ルールやマナー、あるいはまわりから白い目で見られないこと」を目的としたマスク着用なのかということです。いつの間にか、「マスクをつけていること」がマスク着用の目的になってはいませんか？

　パンデミック当初のアメリカでは、「布でも何でもいいからマスクをしましょう（universal mask）」という推奨が（CDC）から出ていましたが、これは、マスク不足であったため、少しでもいいから飛沫を抑えるため、そしてつけたり外したりをする状況をこと細かに理解してもらうには時間がかかるため、苦肉の策でとにかく「ずっとつけていなさい」としました。これだけスピードを重視した政策を打ち出したのは、それだけ一刻を争う状況だったということです。

　しかし、状況が変わり、マスク不足も解消されマスクの素材による違いもわかった今、**マスクなら何でもよいとしてしまう考えは危険**です。飛沫を抑えることができないマスクや、飛沫がたくさん付着した不潔なマスクをずっとつけながら「効く気がする」という感染対策は、逆効果にしかなりません。特に感染症の流行期ではマスクをしていない人は目立つから「感染対策をしていない人」というレッテルを貼られがちですが、感染対策はマスクだけではありません。効果の低いマスクを不適切な方法で使って密な集会を行う人と、人がいるところでだけ着用して、1人のときには着用せず、手洗いや換気に気を使っている人とでは、どちらが感染対策に対する意識が高いか、ということです。マスクはあくまでも感染対策の1つであり、手洗いや換気などの感染対策と組み合わせることによっ

て有効性が高まるということを忘れないようにしましょう。

　2022年になりオミクロン株が流行している状況において多くの患者さんが発生しました。それとともにマスクに対する関心も薄れ「感染対策のため」というより「とりあえずつけておく」とか「小顔効果」のような扱いとなりつつあります。形骸化した感染対策となっている状況で、効果がないといわれればそれはマスクが無効なのではなく、マスクの効果が出ないような使い方の問題です。状況に応じて感染リスクを天秤にかけ、着用するならきちんと着用する、しないならしない。というメリハリがこれからさらに大事になっていくと思います。

　場面ごとのマスク着用については、詳細を各章で解説しています。運動のときは第8章、給食のときは第9章、遊ぶときは第11章でお話ししていますので、参考にしていただければと思います。

マスクは状況に応じて使うもの

　さて、学校でのマスクは今後どうするのが適切なのでしょうか。おそらくこの本が出版される頃には文部科学省などからの推奨がある程度出てくると考えられるのですが、どのような形になるのであれ、基本となる考え方をきちんと知っておくことが大事ですね。どんなものにもそのルールができた理由がありますので、マスクについてもそこが理解できていることが大事です。

　上述の通り、マスクは自分が飛沫を吸い込むのを防ぐ力もありますが、自分から出る飛沫を減らします。攻撃力を下げるのが目的で防御力を上げる効果は弱いです（最近ではデバフっていうらしいですね）。

　新型コロナに対しては「発症直前で無症状の時点から感染力がある（攻撃力がある）から、誰一人感染させないためには全員つけるしかない」という状況でした。しかし、今では「感染することを否定しない、医療のキャパシティが保てるレベルであれば感染しないことよりきちんと治療することが大切」という社会になろうとしています。これってインフルエンザとかと同じですよね。これがwithコロナなのです。社会全体が受容できるかの話であり、「俺は感染しても怖くないからつけるな！」ではないのですね。

　感染者が少ないときは無症状の人たちは感染している可能性は低い。仮に感染者があってもその周辺がきちんと感染を抑えられれば十分。普段からつける必要

はない。と考えてよいと思います。逆に目に見えて症状があるとき、つまり**咳が**あるとか**喉が痛い**とか、そういうときは自分が新型コロナかもしれないからマスクをきちんとして飛沫を飛ばさない。むしろ早く疑って早く検査してしっかり休むんだ。という考えを持っていただくだけでよいと思います。でも考えてみれば今までだって風邪気味だったら「咳で飛沫を飛ばさないように」マスクをしていましたよね。違うのはそこに加えて「咳や熱があるのに無理して学校や仕事に来る方がよろしくない」という考え方が浸透しつつあることです。むしろあるべき状態ですよね。

　一方で明らかに感染者が急増しているような状況では、いつ自分が感染、発症してもおかしくない。病院などの免疫の低下した人が多い場所などでは、無症状だけど今日すでに人にうつす力を持っているかもしれない。と考え着用する選択をしていただくのも大切です。0か1かではなく、こういった状況に応じた考え方を持っていただくことがいいですね。

　×マスクをつけている　→　いつまでもマスクを外せないコロナ脳だ！
　×マスクを外している　→　みんな感染対策を頑張っているのに非協力的な危
　　　　　　　　　　　　　　　険な人だ！

という解釈ではなく

　○マスクをつけている　→　風邪気味なのかな、お大事にね
　○マスクを外している　→　普段通りの生活をしているだけだよね
という解釈ができる社会が早くくればと思います。

 コラム　最近流行りのKF94マスク[5]

　　時折見かけますね。不織布のような素材なんだけど、ダイヤモンド型をしたマスクを着用している人。このマスクはKF94と呼ばれています。Korean Filterの略で、韓国で誕生したマスクです。94というのは「粒子の透過を94％抑える」という意味で、N95というマスクが95％抑えるという意味であることを流用しているものと思います（なんで1％低いんでしょう

かね)。ちなみに中国ではKN95といってアメリカのN95の中国版も作られています[このKは口罩(kǒuzhào)といって中国語でマスクという意味です]。

　で、これってどの程度効果があるのでしょうか。結論からいうと「わからない」です。

　効果がないともいっていません。実際にウイルスや粒子を通さない力は高いと思うのですが、ほかの不織布マスクと同様に「密着感がない」という点があがります。耳に掛けるタイプのマスクはどうしても顔とマスクのあいだにすき間ができるのでその分フィルター外からの粒子の侵入を許してしまいます。そのため実際にN95とKF94を比較した論文では、息の漏れはN95ではほぼなかったのに対してKF94では漏れが大きかったという報告もあり、N95の代替品としては使えないということになっています[5]。ただ、一般的な不織布マスクと比較すると同等である可能性も考えられています。また、一般的な不織布マスクでは鼻を開放することができないために鼻を出してしまう（鼻出しマスクをする）人も、KF94の独特な形状によって少なくなることも考えられるので、きちんとつけられる割合が高くなるかもしれません。

　現時点では医療現場において新型コロナの患者さんと接触する医療者への推奨はないのですが、一般社会においてはそれなりに有効なのかもしれません。まだ新しいタイプのものであり、不織布マスクと比べて感染予防効果はどうなのか、これから徐々に明らかにされていくのではないかと考えます。

 ## 子どもたちにとって過剰と思われる感染対策へのアドバイス

- 小学生以下の子どものマスク着用は状況を考慮して判断をする
- マスク自体の有効性は単独では限定的。目的意識をもってマスクを使用する

【まとめ】
- 大人から子どもに感染させないよう、保護者が適切にマスクを着用する
- マスク着用の目的は、自分から出る飛沫の拡散を抑えること
- 顔にフィットさせ、息が漏れないように着用する。表裏や上下にも注意
- マスクは外側も内側も表面が汚染されるので、外すときはゴムや縁の部分をつまむ
- 市販されているものでは、不織布のマスクが最も効果がある。次いでガーゼマスク。目のあらい布製、ウレタン製のものは効果が劣る

- 文　献
1) Fischer EP, Fischer MC, et al. Sci Adv 2020；6 (36)：eabd3083.
2) 文部科学省 (https://www.mext.go.jp/content/20220525-mxt_kouhou01-000004520_02.pdf)
3) WHO (https://www.who.int/news-room/questions-and-answers/item/q-a-children-and-masks-related-to-covid-19)
4) JeffersonT, Del Mar C, et al. BMJ 2009；339：b3675.
5) Park JJ, Seo YB, et al. J Korean Med Sci 2021；36 (21)：e140.

8. 運　動

感染は運動中に起こってるんじゃない！　控え室などの閉鎖空間で起きてるんだ！

　100年前にスペイン風邪が流行したとき、イギリスではサッカーの試合が中止されました。アメリカではメジャーリーグの試合数を減らし、観客も全員マスクをして観戦したようですが、感染した選手の中には命を落とした人もいました。
　この新型コロナウイルス（以下、新型コロナ）においても、学校で運動をすることは「感染リスクが上がる行為」なのでしょうか。

運動したらいけないの？

　場面別の感染対策ということで、本章では「**運動の時間**」についてお伝えしていきます。「運動の時間」といってもいろいろな状況があります。外でサッカーやバスケットボールをする場合、体育館で体操やバドミントンをする場合、部活動で柔道や剣道をする場合、ほかにも休み時間の鬼ごっこやドッジボールなども「運動」に含まれます。

学校生活において人との接触は避けられませんが、特に接触機会の多い運動もあると思います。そこで、運動において感染リスクになる要因をあげてみましょう。

- 人との接触回数の増加
- 大きな声を出す行為（応援、合図など）の増加
- 息切れによる呼吸回数と飛沫の増加

残念ながら、飛沫量が多くなる行為、息が上がることで排出するウイルスが増加する行為はやはり、感染リスク上昇の原因とされます。運動により呼吸量が増えると、肺を出入りする空気の量が増えるために体内に取り込まれるウイルス量が自然と増え、感染が成立しやすく、さらにウイルスが肺の奥まで到達しやすいという論文もあります[1]。つまり運動時のリスクをゼロにすることはできないと考えられます。では、どうすればよいでしょうか？

◆対策の基本はいつも変わらない

感染症流行期の感染リスクから考えれば、もっともよいのは「体育や部活をはじめとした運動をしないこと」といわざるをえません。とはいえ、それでは子どもたちの心身の発育に著しい悪影響を及ぼして、**体力の低下や精神的なストレスの増加**につながります。「健全な精神は健全な肉体に宿る」ともいいますし、運動を何もかも中止にしてしまうことのメリットはないでしょう。運動時の感染対策も、通常時の感染対策の基本の考え方を応用すればよいのでけっして難しいものではありません。本章では、感染者を出さないための「**0を1にしないための感染対策**」と、感染者を増やさないための「**1を2にしないための感染対策**」に分けて考えてみたいと思います。具体的にみていきましょう。

- ●0を1にしないための感染対策
  - 運動の前に必ず体調チェックを行い、体調の悪い生徒は参加しない
  - 運動前後に正しい手洗いを行い、運動後にボールや運動用具をアルコールでよく消毒する
  - 友達どうしでも、なわとびなど私物を含む道具の貸し借りをできる限りしない

- ●1を2にしないための感染対策
  - 空間的距離を保つ。できるだけ2m程度（最低1m）の距離をとれるような運動を選び、種目も個人競技を推奨する
  - 運動時間を短くする。通常の3分の1〜2分の1を目安に運動時間を短縮し、残りの時間を座学や動画視聴による学習にあてる等の工夫をする

　これらのことを考慮して運動させるよう指導するのがベターです。特に屋内の密集したところで大きな声を出すような活動は避けるべきとされています。

　体操のような個人競技は生徒同士の接触機会が少なく、感染リスクは相対的に低いといえますが、ドッジボールや野球、サッカーなどの団体競技やコンタクトスポーツといわれる相撲や柔道、小学校でやることはないかもしれませんが今人気のラグビーなど接触の多い競技、口頭でのコミュニケーションが多い競技では飛沫を浴びる機会が増えるため、感染リスクは相対的に高いと考えられます。先に「運動中の感染リスクとなりそうなもの」として「接触」と「飛沫」を分けて提示しましたが、接触するということは至近距離で口頭コミュニケーションを行うことになり、必然的に飛沫を浴びせ合う状況となります。また、後述しますが、運動中はマスクを着用しないため、ますます感染リスクが高くなります。

室内や集団で行うスポーツは？

◆室内で行うスポーツ

　室内でスポーツを行う場合は「換気がよい」ということが実施の最低条件となります。体育館などにおいても適切に窓やドアを開放し、空気の入れ換えをすることが推奨されます。クラスター発生の事例から換気の悪い空間にいることがもっとも感染リスクが高いと考えられています。つまり、スポーツジムのような閉鎖的な空間は感染のリスクが高いということです。なので、室内で行うスポーツでするべき感染対策は、

- 1時間に5〜10分程度窓を全開にすること

です。空気が滞留しないよう、しっかりと換気することを心がけてください。

◆集団で行うスポーツ

　では、屋内・屋外を問わず野球やサッカーのように集団で行うスポーツの場合はどうでしょうか。球技スポーツでのクラスター発生の報告は確かにありますし、プロリーグの選手が感染したというニュースも耳にします。しかし、試合中に感染して両チームともに多数の感染者を出した事例は今のところほとんど報告がありません。これは、何を意味しているのでしょうか？

　国内外ともに、スポーツにおけるクラスターの事例はほとんどの場合、同一空間である程度の時間、会話をともなう行動をしたり、あるいは衣食をともにしていたというケースが多いです。つまり、「感染は運動中に起きているんじゃない！　控え室などの閉鎖空間で起きているんだ！」ということなのです。
　今のところ試合中の感染が多いという確実なデータはなく、実際にプロ野球などでもプレイそのものが原因となった事例は報告されていません。やはり試合前の長時間のミーティングや、試合後の更衣室での談笑、試合後の食事や祝勝会といったプレイ以外で行動を共にすることが、より感染リスクを高めているのでは

ないかと筆者は考えます。

体育の授業や部活での対策は？

　学校の体育の授業や部活動でも前述の屋内外におけるスポーツを行う際の感染対策と同じことがいえます。つまり試合そのものにおける感染対策は、

- 距離を広くとり、時間は短くする

です。距離と時間をコントロールすることで、クラスターなどの大きな感染は起こりにくくなると考えられます。また、その試合前後においては、

- 3密空間での長時間の滞在を避ける

ようにしましょう。たとえば、感染症の流行期には強い対策として

- 更衣は順番を決めて少人数で行う
- 更衣室を増やすなどして物理的な密集状態が起こりにくくする
- 更衣室では会話をせずに速やかに退室する
- ミーティングなどは換気のよい部屋で短時間で終わらせ、必要以上に滞在しない

などが必要です。こういったことをしっかりと守るよう教育現場の先生方から指導いただくことが重要と考えます。

◆宿泊をともなう部活動では？

　合宿や合同練習などの企画実施に関して、文部科学省は、各地域の感染状況により学校として責任を持って感染拡大防止の対策をするように指示を出しています[2]。これは、感染がない地域であれば通常通りの実施は可能とされていますが、感染拡大傾向にある地域では合宿開催などは避け、対外試合などの際も感染

対策をより一層注意して行うようにと解釈されます。一律に中止するということではなく適切な感染対策を講じるということですね。特にバスや宿泊先、お風呂、食事などで複数の生徒や先生が一緒にいる場所では感染リスクは上がります。こういった場所での**人との距離や換気、参加人数の分散**などに注意して対応することが重要です。2022年の高校野球の甲子園大会でもいくつかの学校でクラスターが起こり不出場になったりしていました。試合前後のミーティングや宿泊先での集団行動が感染リスクとなったと想定されていますので、人が集まるような状況は特に注意が必要ですし、開催地域の感染状況も常に確認しておきましょう。

運動するときもマスクはするの？

　運動中のマスク着用は息苦しくて暑いので熱中症や脱水のリスクになるとされていましたが、2022年に日本救急医学会から「マスクの着用が熱中症のリスクとなる根拠はない」という声明が出されました。これは、マスク着用をすることで息苦しさや暑苦しさが上昇するという精神的な不快感は強くなるものの、熱中症報告の明らかな増加はなく、体温上昇等に関してもマスクを着用せずに運動した人達と明確な差はなかったという複数のきちんとした報告によるものです[3]。とはいうもののマスクをしながらの運動は不快感が強いのは事実ですね。また、屋外で人との接触が少ない状態では感染リスクはそこまで高くないと考えられます。これらの点を総合的に考えた場合、やはり運動中におけるマスク着用の義務は不要であると考えられます。

　おそらく感染を起こすのは運動中ではなく運動をしていない時間のほうが多いと考えられるため「運動時はマスクを外し、運動後の会話時などには着用する」といったメリハリのきいたマスクの使い方をするのがよいと思います。マスクの種類等については**第7章**で詳しく述べていますので参照ください。

　また、「そもそも感染対策はマスクのみにあらず」という前提を思い出しましょう（**第7章**）。マスクはあくまでも距離がとれない場合の感染対策であり、「誰もいない場所」や「換気のよい場所」でマスクを着用する意義は低く、厚生労働省も前述の通りマスクの着用は推奨しないとしております。逆に、屋内での近距離での会話や食事などでは必然的に一定時間飛沫を浴びせ合い続けることになるため、マスク着用の有効性が期待できるので感染症の流行期においては着用が推奨

されています。

　さらに、前述のように「競技の特性」によっても感染リスクに違いがあり、求められる感染対策もまた競技ごとに少しずつ異なるということもご理解いただく必要があると思います。ゴルフのような広いところで距離をとることができる競技と、柔道のような屋内でのコンタクトスポーツでは感染リスクは違います。感染対策においては「どれか1つをしておけばよい」ということはなく、その状況に応じて「基本的な対策」を組み合わせたり、応用したりして対応することが大切なのです。

　幸いにして子どもたちは感染しても重症化することがほとんどありません[4]。オミクロン株の登場で患者数は増えたものの重症化率はさらに下がってきています。感染してもいいということはありませんが、相対的に感染予防をどこまでしなければいけないかというラインが下がってきているのは事実です。そのため、運動中のマスク着用による「感染リスク低減のメリット」と、「熱中症のリスク上昇や呼吸がしづらくなるというデメリット」が常に検討されており、スポーツ庁からも「運動時のマスク着用」について通達が出ています[5]。つまり、「運動中のマスク着用は過剰な感染対策である」ということです。

プールはどうしたらいいの？

　特に夏場はプールの授業がある学校も多いと思いますが、プールにおける感染リスクはどのように考えればよいでしょうか。

　まず疑問に思うのは、「ウイルスは水の中で生きていられるのか」ということです。たとえば、水温20℃くらいの水道水なら、ウイルスは最長で1〜2日間程度生存できるようです[6]。しかしだからといって、必ず水を介して感染するとも限りません。水道水は塩素で消毒されているため、新型コロナは水中で増えるどころか死滅し、その数は減るばかりです。「一番長生きしたウイルスがやっと2日間生きられるかどうか」というレベルです。

　さて、プールの水はどうでしょう。**学校環境衛生基準**では、プールの遊離残留塩素は0.4〜1.0 mg/Lに維持することが義務づけられています[7]。新型コロナは「エンベロープ」という膜をもつタイプのウイルスというお話を**第6章**でしました

が、このタイプのウイルスは塩素にとても弱く、WHO[8]もCDC[9]も「0.5 mg/L以上の遊離残留塩素があるプールでは30分もしないうちに死滅する」と報告しています。

さらに、「プールの水の量に対して人が排出するウイルス量は非常に少ないため、プールの水全体に行き渡る量には到底及ばないこと」「ウイルスは泳げないため、プール内を縦横無尽に動き回ることはないこと」、さらに「新型コロナは肺に吸入することで感染が成立するウイルスで、飲むことで感染することはなく、肺に入る可能性も低いこと」が考えられます。つまり、「プールにおける感染リスクはあまりない」といえるでしょう。実際に、コロナ禍においても世界中でプールの使用は継続されていますが、プールを使用したことによる感染例は報告されていません。

繰り返しになりますが、ここでも大事なのは、「感染は運動中に起きているんじゃない、閉鎖空間で起こっているんだ！」ということです。「プールで泳ぐこと」ではなく、「更衣室やプールサイドでおしゃべりすること」などが感染リスクになるのです。

 子どもたちにとって過剰と思われる感染対策へのアドバイス

- 運動を全くしないことも子どもたちにとっては身心上の大きなリスクになる
- 運動中の強制的なマスク着用の義務はない
- 熱中症や脱水のリスク回避のため、運動時は距離を確保しマスクは外す
- プールにおける感染リスクは低い

【まとめ】
- 体調が悪いときは運動しない・させない（学校もお休みする）
- 運動の前後にはしっかりと手洗いをし、用具などの共有物は使用後に消毒する
- 運動の時間は短めにする
- 距離を保ち、接触をできるだけ少なくする
- 運動そのものよりも、前後のミーティングや更衣室での会話などがより感染リスクを高める

● 文　献
1）Matricardi PM, Dal Negro RW, et al. Pediatr Allergy Immunol. 2020；31（5）：454-70.
2）文部科学省（https://www.mext.go.jp/content/20220404-mxt_kouhou01-000004520_01.pdf）
3）Kato I, Masuda Y, et al. Ind Health. 2021；59（5）：325-33.
4）Ladhani SN, Amin-Chowdhury Z, et al. Arch Dis Child. 2020；105（12）：1180-5.
5）スポーツ庁（https://www.mext.go.jp/sports/b_menu/hakusho/nc/jsa_00011.html）
6）Bivins A, Greaves J, et al. Environ Sci Technol Lett. 2020；7：937-42.
7）文部科学省（https://www.mext.go.jp/component/a_menu/education/detail/__icsFiles/afieldfile/2018/07/31/1292465_01.pdf）
8）WHO（https://www.who.int/southeastasia/outbreaks-and-emergencies/covid-19/What-can-we-do-to-keep-safe/fact-or-fiction）
9）CDC（https://www.cdc.gov/coronavirus/2019-ncov/community/parks-rec/aquatic-venues.html）

9. 給食、掃除

給食や掃除の時間に注意することは？

給食のときはどうしたらいいの？

　学校の給食というのは大人になると懐かしく、無性に食べたくなることがあります。余った牛乳をじゃんけんで取り合ったり、嫌いな野菜を隣の子の食器にこっそり入れたり、隣のクラスまで揚げパンをもらいに行ったりと、筆者にもいろいろな思い出があります。

　平時であれば、食事は家族や友人などと大勢でとることがよしとされていました。皆で楽しく話をしながらとる食事は、1人でとる食事よりもおいしく感じられるものです。しかし新型コロナウイルス（以下、新型コロナ）の流行下では、子どもたちもそういった楽しみを無条件に享受することができず、黙々と食事をとらざるをえなくなってしまいました。給食、調理実習、家庭でのおやつの時間に至るまで、「調理」「配膳」「食べる」といった行為に代表される「食事全般」に最も感染リスクの高い行為が多く含まれていることが判明しており、なかなか難しいところがあります。

◆「何がリスクか」をしっかりと把握する

第4章でご説明した通り、このウイルスの感染経路は「**接触感染**」と「**飛沫感染**」が主です。特に飛沫感染では、**咳やくしゃみ、唾液**などに**ウイルス**が付着しており、その飛沫を直接吸い込むことで感染が成立してしまうわけです。

現時点で最も感染リスクの高い行為というのは、陽性者や発症直前の人と一緒に同じ空間にいることであり、会話や食事などの行為を伴ういわゆる「会食」です。食事をしながら楽しく談笑することで同席者どうしが**飛沫**を飛ばし合い、吸い込み合い、飛沫の付着した食べ物を口にするなどして、結果的に感染が成立してしまいます。

ただ勘違いしてはいけないのは、食事という行為そのものが感染リスクなのではないということです。たとえば、「同じ取り箸やトングを使うことによる接触感染」や「至近距離での会話により飛沫を浴びせ合うこと」「個室における**3密化**」など、食事をめぐる状況の中に感染リスクとなる行動が多く含まれていることが問題なのです。ご飯を食べる行為そのものは感染源にはなりえません。たとえば静かに距離をおいて食事を摂るような環境では感染伝播が起こる頻度は低いです。何がリスクで、何がリスクではないのか、科学的な根拠に基づいて適切に理解することが必要です。そのためには状況を**細分化**して考えることが大切です。

学校における食事で注意するべきことは

①**接触感染リスクを下げる**
②**飛沫を浴びせ合わない工夫をする**
③**換気のよい環境をつくる**

この3つを徹底することが重要です[1)]。それぞれ具体的にみていきましょう。

①接触感染リスクを下げる

- 生徒も先生も食事の前に必ず石鹸を使用して**手洗い**を行う。アルコールによる手指消毒はニオイが手に残ったりするのが気になる場合があるため、流水と石鹸での手洗いを優先する。
- 給食の配膳は生徒が行ってもかまわないが、誰が行うにしても、**発熱、倦**

怠感、咳や咽頭痛がないことを確認する。冬期は感染性胃腸炎のリスクも上がるため、下痢・嘔吐などの症状がないことも確認する。配膳時はマスクを着用し、会話はせず静かに行う。

- 食事前後には机の上をアルコールで消毒する
- 流行期（レベル3）には配膳の過程ができるだけ少なくなるような献立（パンなど）を採用する。

②飛沫を浴びせ合わない工夫をする

- 机を向かい合わせにせず、全員、同じ方向を向いて食事をする
- 可能な限り（目安は1〜1.5m）席を離して個別に食事をする
- 食事中に会話をする必要がある場合は、マスクを着用する。マスクがない場合はハンカチなどで一時的に口を覆って会話する

③換気のよい環境をつくる

- 食事のときは窓やドアを開け、空気の流れがよい状態にする

　飛沫が飛ばないようにと生徒の机1つひとつにパーテーションを取り付けている学校もあるようですが、直接飛沫を浴びせ合うことは防げてもパーテーションを越えて浮遊してしまう飛沫は回避できないため、「パーテーションの効果は限定的」と考えられています。換気をしっかりと行い、距離をとることで十分な対策ができると考えられますので、現時点ではパーテーション使用についての積極的な推奨はありません。換気については第5章で詳述していますので、参照ください。

◆調理実習はどうしたらいいの？

　調理実習のときの対策も、基本的な考え方は食事のときと同じです。「調理室は換気をよくし、実習中はマスクをして調理をすること」「おしゃべりをしないこと」「調理の前後や食べる前はしっかりと手洗いをすること」が大事です。調理に関して、以前は「調理器具は各自1つずつ使用」「調理台の使用は1台2名まで」など、人との距離を確保する対策が推奨されていましたが、しっかりと火の通ったものは、調理前の手洗いさえできていれば、調理器具を共用することによるリス

クはそれほど高くないと思われます。また、食器や調理器具は使用の前後に洗い**消毒**することも推奨されていますが、食べ物自体をアルコールで消毒する必要はありませんし、アルコールに過敏な子どももいるため注意しましょう。1人ひとりで作ることができるような食品を選んで個別で調理できるようにすることで、接触リスクも減らすことができるともいわれます。

　食べるときは、「換気のいい環境で距離をとって食べる」「会話は控える」「調理したものは1人分ずつ小分けにして提供する（大皿を使わない）」「会話は食後にマスクを着用して適切な距離をとってする」など、給食と同じ対策を意識することが大事です。

　なお、今後はマスクの推奨や食事中の会話の制限なども緩和されていきます。本項のお話は「流行期の感染対策として何をすればいいのか」として頭の片隅に置いておいていただければと思います。

掃除のときはどうしたらいいの？

　掃除は部屋をきれいにする行為ですから、むしろ感染対策のポイントにもなります。掃除における考え方や具体的な行動についてまとめましょう。

◆感染対策としての特別な掃除は必要なの？

　新型コロナは物体の表面で数時間～数日間は生存が可能といわれています[2]が、実際には接触感染に関して目立った報告はありません。おそらく、紫外線や風雨にさらされたウイルスはそれほど長くは生きられないためと思われます。また、新型コロナと感染経路が同じであるインフルエンザについて、掃除が感染リスクを減らしたり増やしたりするという明確な根拠はありません。掃除というのは環境に溜まったホコリやゴミをきれいにすることがメインの活動であり、ウイルスや細菌を除去する行為が目的ではないのですね。つまりウイルスをやっつけるなら「掃除」よりも「消毒」が重要になります。

　そのため、基本的な考え方としては、新型コロナ流行期であっても一般的な掃除で十分です。ただし、「人が触れるようなところは1日1回でいいのでアルコールを用いた消毒を行う」ことが推奨されます。

　ただし特殊な消毒剤やオゾン噴霧などの空間への噴霧については、有効性の根

拠は示されていないため、積極的に使用することのメリットはないと考えていいです。あくまでも通常使用されるアルコールで十分です。天井や誰も触らないところにウイルスが付着するものでもないですし、仮に付着したとしてもそこからウイルスが排出され続けるわけではありません。乾燥表面ではウイルスはそうそう長生きできませんのでアルコール消毒はよく触れる部分だけで問題ありませんし、効率的にウイルスや細菌を除去することが可能です。

　掃除をするときの重要なポイントは

- 掃除はゴミやホコリを除去して汚れを落とすことが目的
- 一般的な掃除に、よく触れる箇所の消毒を加えるだけでウイルスや細菌の多くは除去可能
- 掃除中も会話は少なく、換気に注意をして、掃除のあとにはきちんと手洗いを行う

この3つが、掃除のときのポイントになってきます。

◆子どもに掃除させてもいいの？

　「一般的な掃除＋アルコール消毒」が原則であることを考えれば、子どもたちに掃除をさせないことやゴミに触れさせないことの科学的根拠は弱いといえるでしょう。汚物に触れたら自身の手についた**汚れやウイルス、細菌**をしっかりと**流水と石鹸**で洗い流せば十分です。掃除をすることは環境を清潔に保つという点で非常に大切な行為であり、掃除自体も教育の1つになります。飛沫感染対策や換気などは掃除中も重要ですが、掃除そのものを避ける必要はなく、むしろきちんと環境をきれいにしておくことは大切なことですね。

◆掃除道具を使うときは？

　掃除道具は子どもたちがみんなで共有するものです。しかし、道具自体がウイルスを排出しているわけではありませんので、通常の接触感染対策で十分と考えます。机や椅子も同様で、これらを運んだりすることに特段の対策が必要なわけではありません。

必要なのは上述のとおり、掃除のあとはしっかりと手を洗うことですね。「物ではなく人を守る」のです。掃除道具などの不特定多数の人と共有するものに触ったあとはしっかりと手を洗い、自分を守る対策をとることが重要です。

　また、学校では掃除の時間はたいていマスクを着用していると思いますが、新型コロナへの感染対策というだけでなく、通常のホコリやチリの吸入防止策として、マスク着用は推奨されます。

◆ トイレを流すときは？

　新型コロナに関する過去の報告で、「糞便からもウイルスが検出されるから感染源となりうる」というものがありました[3]。しかし、これはあくまで「糞便からウイルスが検出された」だけであって、糞便から感染したことが証明されたわけではありません。トイレに限らず、ウイルスがいるかもしれないからといって、必ずしも感染源になるわけではないということです。

　ただし、トイレ使用後や掃除中にトイレを流す際は、便に付着しているウイルスが飛散しないよう、「念のためトイレの蓋を閉めてから流すように」とアメリカなどでもいわれています。このことは、新型コロナに限らず、ノロウイルスなどによる感染性胃腸炎をはじめとするその他の感染症対策としても推奨されています。日本の学校では和式便器の施設も多いので、蓋がないトイレの場合は、流す際に換気をよくしておくことがよいと思います。

 コラム　ハンドドライヤーは使っていいの？

　コロナ禍以降、使えなくなったものの1つにトイレのハンドドライヤーがあります。手についた水を風で吹き飛ばす仕組みから、手についたウイルス飛沫が飛び、感染拡大につながることを懸念して、その使用を中止する施設が多くありました。一方で、WHOやアメリカのCDCはハンドドライヤーに関しては感染源となる明確な根拠がないことから使用の一律中止を推奨することはありませんでした[4]。

　でもよく考えてみると、ハンドドライヤーは手を洗ったあとに使うものなので、きちんと手洗いができているとすれば手にウイルスはついていないはずです。ただ、その風が周囲の人の咳などの飛沫をさらに飛散させるのでは

ないかとの懸念もあり、ハンドドライヤーの使用を一時的に停止するよう、日本経済団体連合会 (経団連) から通達が入りました。その後はどうなったのでしょうか。

　じつは2021年4月の時点でハンドドライヤー使用停止の項目は「オフィスにおける新型コロナウイルス感染予防対策ガイドライン」から削除されています[5]。海外のエビデンスなどからも感染拡大のリスクは低いとされ、ハンドドライヤーの使用停止は解除されました。適切な使用においてはリスクが高まる可能性は低いとの判断です。

　むしろ、手が濡れている状態は雑菌が繁殖しやすく、手荒れもしやすくなります。子どもたちの場合は服で手を拭いたりすることもあります。するとかえって手に汚れや雑菌が付着してしまい、手洗いの効果が全くなくなります。
　手を洗ったあとは、キレイなタオルや紙で拭いたり、ハンドドライヤーで乾かして清潔を保つことはコロナだけではなくあらゆる感染対策において非常に重要なのです。

　このように「当初念のためにと行っていた対策も、後から問題ないことが明らかになった例」については、積極的な緩和や新しいルールを作っていくことが大切です。方針の見直しや軌道修正はめんどくさいし大変ですが、長い目で見れば「やったらやりっぱなし」の方がよくないので、新型コロナに対して多くのことがわかってきた今、見直しも一緒に進めていく必要がありますね。

 ## 子どもたちにとって過剰と思われる感染対策へのアドバイス

- 給食時のパーテーション使用を積極的に推奨する根拠はない
- 子どもに掃除をさせないのではなく、掃除後にきちんと手を洗う
- 掃除中の接触感染に関する目立った報告はない

【まとめ】
- 流行期においては会話をしながらの食事はリスクの高い行為。席は向かい合わせにせず、静かに食べる
- 食事の前には必ず手洗いをして、机をアルコールで消毒する
- 食事中も換気をする
- 掃除は一般的な方法で十分。終了後はしっかりと手を洗う

• 文　献
1）文部科学省（https://www.mext.go.jp/content/20220404-mxt_kouhou01-000004520_01.pdf）
2）van Doremalen N, Bushmaker T, et al. N Engl J Med. 2020；382（16）：1564-7.
3）Amirian ES. Int J Infect Dis. 2020；95：363-70.
4）WHO（https://www.who.int/emergencies/diseases/novel-coronavirus-2019/advice-for-public/myth-busters#hand-dryers）
5）日本経済団体連合会（https://www.keidanren.or.jp/policy/2022/064_guideline1.html）

10. 学校行事

コロナ禍で運動会や遠足、修学旅行などのイベントを中止する学校もありますが、中止する
しかないのでしょうか

　学校生活には、教室での授業のほかに、**運動会**や**合唱祭**などの校内行事や、**修学旅行**や**遠足**などの校外活動もあります。こういった平時の授業とは違った状況での特別な感染対策についても流行期には注意が必要です。とはいえ、基本的な感染対策をしっかり行っておくことに変わりはありません。

　では、運動会、合唱祭、移動をともなう校外での活動における注意点について、場面別にみていきましょう。

運動会

　運動会は学校の行事の中でも特に大きなものであると思います。多くの子どもたちが心待ちにしている行事ですから、何とか開催してあげたいという気持ちも強いと思います。

文部科学省は運動会について、地域の感染状況に応じて開催可能な時期や規模を検討するとともに、近距離で組み合ったり接触したりする競技を見合わせたり、保護者への感染対策の徹底や参観の方法などを検討することを推奨しています[1]。加えて、たとえば運動会の時間の短縮や、子どもたちが個別で行うような競技を中心に行うことや、大声を出さないような活動を行うことなども推奨されております。

　では、運動会の特徴を確認し、具体的な対策を考えていきましょう。

◆運動会の特徴に合わせた感染対策

　運動会は、屋外という点から3密を満たすことは少なく、顔を近づけるような行為も二人三脚や綱引きくらいで、特に近年は集団で取っ組み合いになるような競技も比較的少ないと思います。また、徒競走やダンスなどで近づくことはあっても、飛沫が飛ぶ距離で長時間いることもないでしょう。

　つまり運動会という環境には下記のような特徴があると考えられます。

- 主に屋外で行われ、密となる空間が少ない
- 走ったり道具を使ったりすることは多いが、長時間顔を近づけたりする運動はそれほど多くない
- 不特定多数が触る共用の運動器具があったり、応援合戦などで大きな声を出すことが多い

　このことから、最も注力するべきは**接触感染対策**で、その感染リスクを下げるための具体策は、以下の通りです。

- 大玉送り、玉入れなど共用物を使う競技においては、競技のあとに手洗いや手指のアルコール消毒（**手指衛生**）に加え、使用後の道具の消毒を徹底する

　つまり、徹底した手指衛生を行うことで感染リスクを下げることができますので、多くの競技は問題なく行うことができると考えられます。

しかし、その中でも応援合戦などは**近接**して**大声**を出すため、応援団の生徒だけで行い、それ以外の生徒は声を出さずに手をたたくだけにするなど、何らかの形で縮小して行う必要があると思います。ほかにも学校によっては応援合戦を中止したり、予め録音したものを流すなどの対策を講じているところもあるようです。

　マスクの着用に関してはどうでしょうか。屋外での活動においてはマスクの着用に強い推奨はありません。そのため、応援に参加する子どもたちは、お互いに飛沫が届かない程度に距離をとっていればマスクは不要と考えます。また、応援合戦以外にも自席から応援をすることもあると思います。その場合も、十分に距離を確保できていればマスクを着用する必要はないと考えます。

　では、待機中の子どもたちはどうでしょうか。運動会は、競技に参加している時間よりも待機時間のほうが長くなりますし、屋外とはいえ密集しているようにみえますが、換気は十分ですので大きな声での会話がなければマスクを着用している必要はないと思われます。

　また、保護者の方々の観覧はどうでしょうか。運動会を開催できる学校が多くなってきましたが、時間を短縮しての開催など様子をみながら少しずつといった学校が多いようです。一緒に住んでいる家族と一緒の観覧や行動であればリスクが変わることはありませんので問題ないとは思いますが、たとえばお友達の家族との歓談は短時間にする、距離をとりながらお話しをするなどが流行期においてはよいと思います。屋外で短時間の会話などであれば距離がきちんと取れていれば感染するリスクは低いと考えます。

◆本番よりも練習中の行動に注意する

　このように競技活動自体は接触時間も短く、多くの場合、運動会を行うことはできると思いますし、屋外での運動における感染リスクは比較的低いと考えられます。しかし特に注意しなければならないことがあります。それは「**練習の時間**」です！

　練習の時間は本番と違い、少人数で狭いスペースで行うことも多く、場合によっては、換気の悪い教室などで声を出しながら行うといったこともあります。本番では感染対策をきっちりと行っていても、練習中に密な空間をつくってクラスターを起こしてしまうことのないように、感染症の流行期においては室内の換気の悪い場所で練習をする場合はマスクを着用しましょう。

合唱祭

◆歌をうたうリスク

繰り返しになりますが、新型コロナにはいくつかの感染経路があり、その中でも主に飛沫によって感染するのでしたね。場合によっては、密な空間におけるマイクロ飛沫(エアロゾル)も感染源となります(第4章)。つまり、飛沫を飛ばす「声を出す」という行為が最も感染リスクを高めると考えられます。ニュース報道などでも、カラオケ、居酒屋、ライブ会場などでのクラスター発生が多く報道されていますので、「歌をうたう」という行為はかなりリスクが高いというのは、周知のことと思います。

合唱祭は集団で歌をうたうという最も感染リスクの高い行為で、どう頑張っても、徹底した感染対策をとることはできません。なぜなら、「マスクをして静かにしている」というのが感染対策の柱の1つなのに、静かにしようがないのですから。

ここで、「合唱を含む歌をうたう行為を全て中止しましょう!」というのは簡単です。しかし、新型コロナは第3章でもお話ししたように、おそらく終息して消えていく疾患ではないと考えられますし、仮に流行が落ち着いても、感染におびえ続ける人が一定数あらわれることが考えられます。このような状況がいつまで続くかわからない中で、「歌をうたう」という有史以前からある楽しみを簡単に捨てることはできないと思いますし、なんとかして歌をうたえるように工夫するべきと思います。そのためには、どのようにすれば歌をうたえるようになるのかをまず考える必要があります。

◆ガイドラインでは

全日本合唱連盟のガイドラインによると[2]、

• 体調の管理がしっかりできていること

- 感染を疑われる人が参加していないこと
- 合唱の当日、会場が密ではないこと
- 換気がしっかりできていること
- マスクの着用・手洗いなどの基本的な感染対策を適切に行っていること

などが示されていました。

　合唱などの発声で飛沫がどの程度飛散するかという検証では、言語にもよりますが約1〜2mとされています。このことから、感染症の流行期には

- マスクをせずに歌をうたう場合は、前後左右方向に2m程度（最低1m）離れること

が推奨されます。これは密な環境で、大声で歌うのではなく、特に前後にしっかり距離を置いて飛沫を直接浴びることを避け、換気をよくしてマイクロ飛沫の充満を防ぐ目的があります。

　これは、合唱の**練習中**にもいえることです。運動会と同様、練習中のほうが狭い場所で行ってしまうためにどうしても密になりがちで、感染対策もおろそかになりやすいと思います。こういったときは、床にビニールテープ等で全員の立ち位置を示す印を貼り、練習の際も必ず印の位置に立ってうたうよう生徒を指導するなど、密が生まれにくい環境にするといった対応も有効だと思います。

　ただ合唱においても5類への移行にあたり、マスク着用の推奨は変化していくものと思います。その変化に対応するには「感染を拡げない」対策を念頭においておくことが鍵になります。

◆「感染を拡げない」対策

　合唱のようにどうしても感染リスクを完全にゼロにすることができない状況においては、感染者を出さないのではなく、感染者がいる前提で、感染を拡げない感染対策に注力することが重要になります。**第8章**でもお話しした「1を2にしないための対策」ですね。1人の感染者がほかの人へうつす環境をつくらないようにすれば、それ以上の問題が起こることはないのですから、安全に歌をうたうこ

とも可能になると思います。

　学校で合唱祭を行うに当たっては、感染力が強く、潜伏期間の短いオミクロン株の特徴も考慮する必要があります。

- 合唱祭の前7日以内に**体調が悪くない、発熱がない、家族にも体調の悪い人がいないこと**を確認し、いずれかに当てはまる生徒は参加しない
- 感染症流行期の合唱では、近距離、対面、大声の活動をひかえる
- **適切な換気を確保する**。特に空気の流れが一方通行になるように対角線上でドアや窓を開ける
- 練習のときも、密をつくらず距離をとり、換気をよくして行う
- ピアノなどの楽器を共有する際は、**手指衛生や楽器の消毒を徹底する**

ただし、楽器の消毒については素材に合わせた専用のクリーナーを使用するなど、楽器ごとに消毒の方法が異なりますので、事前に確認をしましょう。

修学旅行・遠足

　学校生活には、遠足や修学旅行といった学校外での活動もあります。校外活動が学校内と違うのは、移動や食事、就寝など、生徒と先生が同じ環境で一緒に過ごす時間が長くなる点だと思います。さまざまな局面が考えられますので、**第9章**と同じように状況を細分化して1つひとつ考えていきましょう。大きく分けて、「**移動時**」「**宿泊時**」「**グループ活動時**」の3つの状況が、通常の学校生活と違う環境に当たると思います。

◆移動時

　移動には、電車、新幹線、飛行機、バスなど、さまざまな手段が想定されます。さて、乗り物による移動中の感染リスクはどれくらいあるのでしょうか。

　国内でも電車内での感染の可能性は言及されていますし、バス旅行中にクラスターが発生した事例も報告されています。海外でも、長距離電車などの感染への関与が報告されています[3]。

しかし世界的に患者が多く報告されている中、通勤通学の電車やバスで同一車両に乗っていた人が同時期に一斉に感染したという報告は極めて稀です。このことはつまり、電車や新幹線、飛行機といった交通機関ではクラスターが発生しにくいということを示唆しています。これには以下のような理由があげられます。

- 車内は窓を閉めているが定期的に停車しドアを開閉するため、その都度空気の入れ換えが起こる
- 不特定多数が乗り合わせているものの会話をしないため、飛沫が飛ぶことが少ない
- 満員電車であっても人の入れ替わりが多く、長時間同じ人と顔を近づけて滞在することが少ない

　飛行機内で見ず知らずの人が感染したケースは報告されていますが、IATA（国際航空運送協会）の報告では、飛行機内での感染リスクは2,700万人に1人というレベルであるとされています[4]。加えて、最近の飛行機は感染対策も換気も徹底しているため、極めて安全であると考えられています。また、厚生労働省は「感染者の同列と前後2列」と定めていた濃厚接触者の対象範囲を、現在では「一緒に行動した家族のみ」としています。これは家族以外での濃厚接触者の陽性率が低いことから改められたものです。修学旅行などで飛行機移動を伴う場合は、航空会社の指示に従ってマスクの着用などの感染対策をきちんと行い、会話もなければ基本的には感染リスクは隣の席であっても低いと考えます。

　「じゃあ移動に関してはもう安全ですね。積極的にお出かけしましょう」といいたいところですが、でもちょっと待ってください。では、移動中に起きたと思われるクラスター発生の事例とは、どのようなものだったのでしょうか？　これを確認しておくことが感染対策につながります。

　ズバリ、移動中に起きたとされるクラスター例の多くが「イベントなど、集団で行動していた人が交通機関の中で談笑したり歌をうたったりしていた」事例です。つまり、バスや電車、新幹線などで不特定多数の人が静かに乗っているのであれば、ほぼ感染することはないものの、複数人で大騒ぎをする場合は感染するということです[5]。そもそも知り合いどうしの旅行だから移動時以外も一緒にいるので、どのタイミングで感染したかを断定するのは難しいかもしれません。まとめると、

- 公共交通機関等での移動は感染リスクとしては低い
- しかし、移動中の会話や歌唱などがリスクとなる

ということです。

◆宿泊時・グループ活動時

　宿泊やグループ活動でも同じことがいえると思います。複数人が同じ環境下で長時間おしゃべりをしたり、換気の悪い場所にいることが感染リスクとなるのであって、旅行や遠足それ自体が感染リスクになるわけではないと考えられます。
　なので、流行時に移動をともなう校外活動を行う場合の感染対策としては、

- 地域の感染状況を考慮して行き先を決定する
- イベント前1週間以内で体調が悪い人は事前に報告して参加しない
  （家族内に体調の悪い人がいるときも同様）
- 移動時は全員がマスクをした状態で静かに交通機関を利用する
- バス内などでのレクリエーションは可能な限り控え、声を出さなくてよいように映画鑑賞などを行う
- 宿泊施設内でも換気をよくし、食事中や就寝時など、部屋の中で騒がずに静かに過ごす
- レクリエーションは、可能な限り換気のよい環境で、距離をとって行えるものを中心に行う
- 食事の前には必ず手を洗い、静かに食べる

などが大事になってくると思います。基本的なところは普段の生活と一緒ですね。

保護者が参加する行事

　保護者が参加する学校の行事といえば、人生の晴れ舞台でもある「入学式」「卒業式」「授業参観」や、前述の「運動会/体育祭」「文化祭」などがあります。学校外の人が多く参加する行事では、どのような対策をとればよいでしょうか。
　基本的な考え方は同じです。保護者だけでなく学校を訪れる大人の方全般に

も、「手洗い」「マスク」「3密回避」「ソーシャルディスタンスの確保」をしっかり守っていただくことはいうまでもありません。それに加えて、「学校は不特定多数の人が集まる場所」だということを意識してもらう必要があります。行事に参加するのは家族の方が多いですが、それぞれ別々に生活している人が集まるわけですから、どうしても感染のリスクが上がります。それを避けるために、参加される方にアナウンスすべき感染症流行期の注意点は次の7点です。

①新型コロナに感染しておらず、濃厚接触者でもないこと
②濃厚接触者でなく、職場や周辺に新型コロナ感染者がいないこと
③来校前7日以内に発熱や咳、嗅覚・味覚障害などの症状がないこと
④来校前7日以内に国内外における感染流行地域への滞在歴がないこと
⑤来校前7日以内に不特定多数の人との会食や宴会を行っていないこと
⑥学校における感染対策について理解があること
⑦当日も体調不良や発熱がないこと

　これらを満たしたうえで、来校時には先にあげた「手洗い」「マスク」「3密回避」「ソーシャルディスタンスの確保」の4つの基本的な感染対策をしっかりと守ってもらうことが大事です。大人は子どもより感染の媒介者となっている可能性が高く、行動範囲も広いです。本人の認識とは裏腹に感染リスクの高い行動をとっていたり、職場など身近なところで感染者が発生したりしていて、じつは無症状感染者となっている可能性も考えられます。移動や人と会う機会が多いほど感染リスクは高まります。来校前の7日間に本人が元気かどうかだけでなく、行動歴もしっかり確認してから参加していただくようにしましょう。

　いうまでもなく、式典などに参加するときは学校が定める感染対策に従っていただくことが大事です。学校側も、「保護者同士が距離をとること」「必要に応じて会話時のマスクの着用」「手洗い」などを徹底してもらえるように事前に周知することに加え、流行期においては教室や会場が密にならないよう「クラスごとに参観日を変える」「広い部屋を使う」「入室人数や室内滞在時間に上限を設ける」など、時間と空間をうまく使った対応をとっていただきたいと思います。

　「家に帰るまでが遠足」とよくいわれますが、保護者が参加する行事も「家に帰

るまでが行事」です。今後は、行事が終わったあとに保護者どうしで食事をしたり、おしゃべりをしたりといったことも少しずつ可能になると思いますが、感染症の流行期にはこういった点にも注意しましょう。校内では適切な感染対策を行っていても、学校を出た途端につい楽しくおしゃべりを始めてしまうと、そこからクラスターが発生することもありますので、状況に合わせた対応をお願いするよう案内ができるとよいと思います。

 ## 子どもたちにとって過剰と思われる感染対策へのアドバイス

- 接触感染に注意すれば、運動会の多くの競技は問題なく行える
- 公共交通機関等での移動における感染リスクは低い
- 学校の定める感染対策に理解・協力を得ることで、保護者の学校行事への参加も可能

【まとめ】
- 事前に体調をチェックし、具合の悪い人は参加しない
- 運動会で共有物を使う競技では、手指衛生や道具の消毒を徹底する
- マスクをせずに歌をうたう場合は、発声する方向に1.5 m程度、左右は密が発生しない程度に離れる
- 運動会も合唱祭も、練習時も本番同様の対策をする
- 移動時はマスクを着用。食事中や就寝時も含め、声を出す行動は控えて静かに過ごす
- 保護者が参加する行事は不特定多数の人が集まることを意識し、基本の対策を徹底する

● 文　献

1）文部科学省（https://www.mext.go.jp/a_menu/coronavirus/mext_00040.html）
2）全日本合唱連盟（https://jcanet.or.jp/JCAchorusguideline-ver2.pdf）
3）Zhao P, Zhang N, et al. Int J Environ Res Public Health. 2020；17（11）：3955.
4）国際航空運送協会（https://www.iata.org/contentassets/a1a361594bb440b1b7ebb632355373d1/2020-10-08-jp.pdf）
5）Luo K, Lei Z, et al. Open Forum Infect Dis. 2020；7（10）：ofaa430.

11. 休み時間、登下校時、放課後

・外では接触機会の少ない遊びを選ぶ
・屋内では換気をよくし、静かに活動する
・登下校時はマスクをつけて会話を控える

休み時間の過ごし方

　子どもたちは、休み時間にサッカーやバスケットボール、ドッジボールやなわとびをしたり、図書室で本を読んだり、いろいろな活動をしますね。そんなときも、感染対策の意識をもちながら過ごすことで感染リスクを減らすことができます。

◆外で遊ぶとき

　たとえば、運動場など校舎の外で遊ぶとき、屋外は換気がよいので、それほど感染リスクは高くないものと考えられます。そのため気をつけるべき場面は「何かを触ったとき」と「大きな声を出して人と接触するような状況」であると思われます。

個人で行う運動か集団で行う運動かという点で考えると、屋外で個人で行うもの、たとえば**一輪車**や**うんてい**などに関しては、

　・人との距離を1〜2ｍくらいおいて遊べば、それほどリスクはない

と考えます。

　集団で行うものだと、**ドッジボール**は逃げ回るので距離をとろうとする競技ですし、**鬼ごっこ**なども接触する時間は極めて短いので、感染リスクは低いと思います。一方、**サッカー**や**野球**などは接触機会が増えるので、若干リスクが上がるとは思います。また、**相撲**などは、組み合うときに互いの顔が近づきますし、接触機会が増えますので、リスクが高くなってしまいます。つまり、

　・接触機会の少ない活動を選ぶこと

が大切です。**第8章**もあわせて参照ください。

◆屋内で遊ぶとき

　屋内ではどうでしょうか。個人で行うものとしては、たとえば、**手芸や読書**、**自習**などは大きな声を出すものでもありませんし、静かに座っておとなしく行いますので、それほど感染リスクは高くありません。ただし、**換気が悪いところに大人数でいれば**、やはり感染リスクは上がりますので、

　・換気のよい広いところで静かに活動する

のがよいです。

　集団で行うものでは、**雑談やカードゲーム**、ボードゲームあるいは家庭用ゲーム機などを用いて複数人で遊ぶ場合にも当てはまりますね。こういった遊びは、やはり会話をともなうことが多いため、

- マスクをしっかりつける
- 距離をおいて、正面には座らないようにして、換気のよい場所で行う

のがよいと思います。

　いずれの遊びでも共通していえることは、遊んだあとに必ず手を洗うことです。
　屋内・屋外ともに不特定多数の人が触ったものを触って手にウイルスが付着している可能性があるため、必ず手を洗うことをご指導ください。

登下校時の過ごし方

　登下校の時間に関しても休み時間の過ごし方と同様です。
　当初は集団登下校時も人との距離を1ｍ以上空けるといった話がありましたが、屋外を静かに歩いているだけであれば、それほど距離をとる必要はありません。むしろ、人との距離が広がりすぎることによって交通事故のリスクが上がりますので注意が必要です。
　感染が拡大していた頃は登下校に関して以下の通知が文部科学省から出ていました。

- 学校の玄関における登下校時間の分散
- 湿度や温度が高い時期は屋外でマスクを着用しない
- 帰宅後は速やかに手を洗う
- スクールバスは換気をしっかりし、過密乗車は避けるようにする

　友達と一緒に帰るときなどは、ついつい距離が近くなってしまい、おしゃべりをすることも増えると思いますが、やはり中心となる感染対策は3密を避け、換気がいい状態を作ることに加え、会話を控えることが有効です。
　そして何より、**寄り道**をせずにまっすぐお家に帰ることです。

　子どもたちが夜の街や歓楽街に行くことはないとは思いますが、暮らしている地域や家庭の事情によってはゲームセンターに立ち寄ることがあるかもしれませんし、お菓子を買い食いすることもあるかもしれません。

ゲームセンターなどの屋内で人が多くおしゃべりをする環境に長居することは感染リスク上昇につながる行為にほかなりませんし、手を洗わずにものを食べるという行為があれば、それもまた感染リスクの上昇につながります。感染対策に限らず、安全面を考えても寄り道をせずにまっすぐ帰るようご指導ください。

放課後の過ごし方

　感染症の流行期でも、学校から帰ってからお友達と遊ぶことだってあると思います。放課後も休み時間と同じで、どこで、どんな遊びをするのかで感染対策のポイントが変わりますので状況別にみていきましょう。

◆屋外で遊ぶとき

　屋外で遊ぶ場面では、休み時間の過ごし方と基本的には全く同じです。人との距離がとれる活動を中心に、

- 流行期は距離が保てないならできるだけマスクをする
- 換気のよい場所を選び、顔と顔が近づいたり大きな声でおしゃべりするような活動はできるだけ避ける
- 帰ったあとは必ず手を洗う

ことが推奨されます。

◆屋内で遊ぶとき

　屋内での遊びに関しては、過去に「友達の家に遊びに行っていてクラスターが発生した」という事例があります。室内は換気が悪い場合も多いため、大声で騒いだりすることで感染リスクが上昇します。そのため、

- できるだけ積極的に換気を行う。流行期はマスクを着用して遊ぶ
- 体調が悪いと感じたら遊ぶことを控えて速やかに帰る

ことが大事です。

図書館での過ごし方

　おうち時間の増加にともなって、本を借りるなど図書館の利用頻度も上がっているのではないでしょうか。では、「図書館」にはどのくらい感染リスクがあり、どのような点に注意して利用すればよいのか、「本の扱い方」「図書館での過ごし方」「館内環境の対策」の3つに分けてみていきましょう。

◆本の扱い方

　本は「不特定多数の人が触れるもの」です。新型コロナウイルス（以下、新型コロナ）は紙や段ボールの表面では24時間程度、プラスチックなら72時間程度は生存可能[1]といわれています。ただし、感染力が24時間持続するというわけではありません。医療機関が行っている対策を例にとると、「感染者が触った紙は袋に入れて24時間以上たってから開封する」としている病院もあります。つまり、ウイルス自体は1日もあれば消失すると考えてよいということです。図書館の本についても同様で、本に付着したウイルスは1日程度で消失すると考えられますので、「全ページを消毒する」「表紙にカバーをかける」といった対策は基本的には不要です。

　日本図書館協会も、図書館の本の消毒については流行期であっても「アルコールによる消毒」や「紫外線照射」は本を傷めるだけで、感染リスクを下げる明確な根拠がないとして推奨していません[2]。

　また、本の貸し出しや返却時の貸出カードの使用」「返却後の本を直接本棚に戻すこと」「司書の方への本やカードの手渡し」「返却ボックスに入れること」など、すべてにおいて通常の方法で問題ありません。どうしても心配であれば、直接の接触を避けるためにシステムを電子化してもよいですし、「返却された本は1日触らない」などの対応をしてもよいでしょう。ただ前述の通り、感染対策として「1日触らずに置いておく」ことの根拠はあまりありませんし、「本を触ったら手を洗う」ことで感染リスクは大幅に低下すると考えます。つまり、感染対策としては本の扱い方やシステムの変更は必要なく、図書館および本の利用前後でしっ

かり手洗いをすることが何より効果的と考えます。

　文部科学省の報告では、休館中は「郵送による貸し出し」を行っている図書館もある[3]とのことですが、この場合も感染対策という観点から貸し出しおよび返却時にするべき特別な対応はありませんので通常の方法で問題ありません。

　また、パソコンを設置している図書館も多くありますが、パソコンに関しても使用後にキーボード等の直接触れる場所をアルコールで消毒することで十分にウイルスを除去できます。多くの場合、子どもたちが図書館を利用するのは日中に限られますし、丸1日触らないことで感染リスクが大きく低下する場合がほとんどですので「図書館内のものが感染源になる」という可能性は極めて低いと考えます。

◆図書館での過ごし方

　本自体が感染源になる可能性は低いと考えますが、読書や自習などにより滞在時間が長くなりやすい点を踏まえると、利用方法によっては感染リスクが上がるため注意が必要です。図書館の利用においては以下の5つが大事なポイントになります。

- 体調が悪くないこと、咳や発熱がないこと
- 入退室時にアルコールで手指消毒をすること
- 流行期には図書館内での会話は控え、マスクを適切に着用すること
- ドアや窓を開けるなど適切に換気を行うこと
- 混み合うほど多くの人数を収容しないこと

　図書館は基本的に静かに利用する施設であり、密集する場所でも、ましてや飲食をする場でもありませんので、それほど感染リスクは高くないと考えます。会話による「飛沫感染対策」よりも、ものに触れることに対する「接触感染対策」と換気などの「マイクロ飛沫感染への対策」が中心になります。「感染経路」については第4章、「換気の方法」については第5章、「手洗い」については第6章でそれぞれ詳しく解説していますので、あわせて参照ください。

◆館内環境の対策

　前述の通り、図書館は「触れるものが多い」ことと「滞在時間が長くなりやすい」ことから「接触」と「マイクロ飛沫」への感染対策が中心になります。本に付着したウイルスは時間の経過とともに消失するので、感染対策のための環境づくりは一般的な教室と同じと考えてよいでしょう。具体的には、以下のポイントがあげられます。

- 「手すり」「ドアノブ」「スイッチ」「カウンター」「テーブル」など多くの人が頻繁に触れる部分は、1日1回アルコールで消毒する
- 窓やドアを常時開放、もしくは1時間に5〜10分程度開放して換気を行う
- 利用する時間帯を分散して人が密集しないようにする
- 1人ひとりの距離が1〜2m離れるように、机と椅子の配置を工夫する（椅子のあいだにものを置くなど）
- 対策内容が目につくように「ポスターの掲示」等で注意喚起をする

　流行期にあっては席の間隔をあけることに加え、飛沫を浴びることを避けるため、向かい合わせにならないように席を配置することもまた有効です。
　書架などは毎日すべての箇所を消毒する必要はありませんが、人が頻繁に触れる場所については毎日消毒するようにしましょう。

　図書館は人が触るものが多く、触る頻度の高い場所やものに関しては消毒が推奨されますが、書架の高い位置や子どもがあまり触らない棚などに関しては通常の掃除で問題なく、「あらゆるものを常に消毒しておく」よりは利用者が利用の前後にきちんと手洗いをすることが大事です。たとえば、1週間ほど図書館全体の使用状況をみて、よく触る場所とそうではない場所を確認したうえで消毒範囲を決めるのもよいでしょう。

　繰り返しになりますが、図書館自体は構造や使用目的から、感染リスクの高い場所ではありません。ただし、利用方法によっては感染リスクが上がることもありますので「手洗い」「換気」「3密を避ける」という基本的な感染対策と、図書館特有の感染リスクへの対策を指導していただければと思います。

子どもたちへのアドバイス

- 遊んだら、必ず手を洗う
- お友達と話すときは、マスクをする
- 寄り道をしないで、まっすぐ家に帰る

 ## 子どもたちにとって過剰と思われる感染対策へのアドバイス

- 外での遊びは、接触機会が少なければリスクは高くない
- 登下校時、静かに歩いている場合は、人との距離を大きくあける必要はない
- 本についたウイルスの感染力は一定時間経過すれば失われるため、本の全ページにわたる消毒は不要

【まとめ】
- 屋外で、個人で行う運動を、人と距離をとって行う
- 集団で行う運動は、接触機会の少ないものを選ぶ
- 部屋の中は換気をよくする
- 屋内では距離をとり正面には座らない
- 遊んだあとは必ず手を洗う
- 図書館では「換気」と「消毒」に特に注意して対策をする

● 文　献

1）全国学校図書館協議会（https://www.j-sla.or.jp/info-guideline.html）
2）日本図書館協会（http://www.jla.or.jp/committees/hozon/tabid/96/Default.aspx）
3）文部科学省（https://www.mext.go.jp/content/20200423-mxt_chisui01-000006766_1.pdf）

第3部
学校の感染対策（保護者の方へ）

12. 家での感染対策はどうするの？

新型コロナ感染症が陽性の方へのお願いと感染対策 (公立陶生病院配布資料)

本日の検査では新型コロナウイルス感染症は**陽性**でした。
5類に変更となり、感染後の対応が変わりますので、ご注意ください。

〈家庭内感染予防のポイント〉[1]

- 感冒症状の患者はできるだけ家族との接触も避け、療養する部屋も分ける
- 看病が必要な場合は、看病を行う人を限定する
- 食事はできるだけ離れてとる、一緒でも箸などを共用しない
- 家族とはタオルを共用せず別の物を用い、入浴は最後に行う
- 患者が療養する部屋から出る際は、マスク着用し部屋を出る直前にアルコール手指消毒を行う
- 患者が触れた部位 (ドアノブ、手すりなど) をアルコールを浸した紙で拭き取り消毒し、拭き取った紙はすぐにゴミ箱に捨てる
- 定期的に部屋の窓を開けて換気する (目安：1〜2時間に1度、5〜10分間程度)

※イメージ※[2]

生活必需品、食料は出入口に置いて、手渡しなどはしない！

用がないときは部屋に入らない！

家族接触も避けて自宅安静！！

窓の換気を行い、健常者を近づけない！

ゴミ袋は二重にして、48時間は触らないでおく。後に普通のゴミとして捨てる！

[重症化リスクについて]
多くの場合は数日で症状が軽快するといわれていますが、重症化のリスクをお持ちの方があります。一般的には、慢性呼吸器疾患、糖尿病、慢性腎臓病、肥満 (BMI30以上)、悪性腫瘍、免疫低下状態、ワクチン未接種、心血管疾患、透析、肝硬変、妊婦などとされています。保健所からの定期的な健康観察はありませんが診断後は症状に注意し、発熱が続いたり病状の進行があればお近くの医療機関、もしくは相談センターにお問い合わせください。

[外出を控えることが推奨される期間]
法律上の義務はありませんが、下記の期間が推奨されます。
発症日 (0日目) から5日間が経過して、かつ症状軽快して24時間以上経過している
例) 7月1日発症 (0日目) なら、症状が解熱して24時間経過して6日目を迎えれば、7月7日 (6日目) から隔離解除 OK

0日目	1日目	2日目	3日目	4日目	5日目		6日目

 症状の悪化なく改善へ   元気で24時間以上経過

ただし10日目までは連日検温やリスク患者との接触を避けるなどの自主的な感染対策を

公立陶生病院

感染対策は学校でも、家庭内でも

「学校の感染対策」は、学校の中に限ったことではありません。子どもの新型コロナウイルス (以下、新型コロナ) 感染の7割以上は家族内発生によるといわれています。つまり、学校でのクラスター発生は、元をたどると家族から感染した

子どもが意図せず学校に持ち込み、感染を拡げている例が多かったのです。そのため、子どもを新型コロナから守るために最も有効な手段は、学校内での感染対策よりも「家族が感染しない」ことでした。しかし第7波以降では大きく様相が変わりました。オミクロン株が優位となった第7波以降では明らかに若い人や子どもの感染が増加しています。この原因としてはやはり高齢者を中心とした成人におけるワクチン接種があげられます。ワクチン接種によるオミクロン株への感染予防効果は、デルタ株までよりも低下しているのは間違いないですが、全く打っていない人と比較すれば明らかに感染しにくくはなります。結果的にワクチン接種率の低い若い人と子どもが感染の中心になり、学校でのクラスターが急増し、そこから家族内へ持ち込まれるという例が多くなりました[3]。そのため以前は家族が子どもを守るという考え方がありましたが現在は、誰もが感染しうるものであるという認識に変わりはじめています。

　さて、学校の感染対策においては大きく分けて次の2つの考え方があることを第8章で確認しました。

　①「**0を1にしない感染対策**」と、②「**1を2にしない感染対策**」です。

　①は「そもそも感染者を学校に入れない」という「**予防**」に近い感染対策です。一方、②は学校に感染している人がいることを前提とした感染対策で、施設内における「マスク」「手洗い」「換気」などの「**一般的な感染対策**」になります。

　しかしご存じの通り、この病気は無症状の人がまわりの人にうつす可能性があるといわれていますし、症状が軽度であるために検査をしない、または感染に気づかないまま過ごしてしまうことも多いと思います。とはいえ、少なくとも症状がある人に対してはしっかりと感染対策をする必要があります。
　本章では、家庭内での感染対策について、どう考えていけばよいのかを中心にお話ししましょう。

家庭内での感染対策とは？

　まず、家庭内というのはひとことでいえば「密な空間での集団生活」の場です。同じ部屋で長時間過ごしていながら、マスクをし続けているわけでもありません。食事も一緒にとるし、おしゃべりもします。家具などはもちろん、お風呂やタオルだって共用します。要するに「感染リスクの高い行為」を避けられない空間ということです。やろうと思えば、「食器も別」「お風呂も１人ずつで毎回洗う」「洗濯も寝室も全て別とする」「一切おしゃべりはしない」「会話時のマスク着用」「距離をとる」ということもできるのかもしれません。でもそれは「家族の過ごし方」ではないですね。単なる同居者です。それどころか、ホテルで隣どうしになったお客さんと同じくらいの距離感ですから、もはや他人同様です。そんな生活を続けることに意味はないでしょうし、子どもたちが上記のように徹底した感染対策メインの生活を理解できるはずもありません。大人だっていやです。つまり、家族という単位は感染症という側面においては一蓮托生であり、１人感染していたら全員感染しているものと考えての行動が必要になります。これは悪いことではなく、それも含めて「家族」であるということです。それに、家族に感染者がいても「必ずうつる」ものでもありません。

　オミクロン株の家族内感染の報告では、全体で**42.7％**が感染するといわれ、ワクチンを打っていると**18.1％**ほどに低下するといわれています[4]。極めて高い感染力ですが、運よく誰もかからないということも結構あるわけです。ただし、家族内感染では発症前の無症状の時期に感染していることが多いともされていますので、やはり普段からの感染対策は大事と思われます。つまり、

- 3密空間をつくらないために部屋の換気をよくする
- 家庭内でもできるだけタオルなどの物品を共用しない
- 帰宅時やご飯を食べる前は必ず手を洗う

などの**基本的な感染対策**です。家庭内で常にマスクをし続けるのは現実的ではなく、ソーシャルディスタンスを保つことも極めて難しいと考えられるため、「可能な範囲でよい」と思います。感染対策を徹底しようとするあまり、家族の心の距離まで離れてしまったら意味がありませんよね。正直なところオミクロン

株が流行し始めてからは家族内感染を確実に予防することはもはや不可能ともいえます。

◆感染している可能性があるなら

ただし、「感染している（かも）」と思うのであれば、話は別です。

- たとえば、「咳が出る」「倦怠感や発熱がある」などというときはただちに、いったん家族とも距離をとる

必要があります。無症状のあいだに感染することもありますが（第1章）、感染が疑われてからでも遅くはありません。感染リスクをできるだけ減らす生活を心がけるのがよいです。これはリスクの高い地域に行った場合にも当てはまります。たとえば

- 明らかに感染者が増加傾向にある地域の居酒屋で不特定の人と複数人でお酒を飲んで騒いだ
- 感染が疑われる人達とカラオケに行って騒いだ
- 出張などで頻繁に不特定多数の人と会った

などの行動がある場合は無症状でも感染している可能性があります。医療従事者としては、感染症の流行期においては読者の皆さんにもこういった行動はできるだけ控えていただきたいのですが、やむをえない場合もあると思います。このように、何らかの感染リスクを上昇させる行動のあとは「自分が感染しているかもしれない」と考えておくことが必要です。感染リスクを上昇させる行為があった日から自分が感染しているものとして2週間くらい注意して生活をしておけば、あとで感染していることがわかったとしても、発症前の無症状の時期から感染拡大を抑えるための行動ができていたといえます。

筆者が所属している病院では、受診された方に新型コロナ陽性と判定された場合にお渡しする資料があります。それが**本章の冒頭**にあげたものです。この資料を読んでもらい感染リスクを考慮した生活をしていただくことを推奨していま

す。もちろん検査が**陽性**で新型コロナ感染が確定した場合はその時点での国の方針に従って自宅療養などをしていただく必要があります。

　「家族」というのは1つの単位ですので、その中でクラスターが発生することは完全には避けられないと思います。2023年1月上旬まで中国では陽性者には基本的に自宅待機はさせず、全員隔離施設へ移していました。家族内の発生ですら抑え込もうとしていたわけです。日本はそこまで徹底的には行っていませんが、感染を拡げないという考え方を持つことは大事です。オミクロン株に置き換わり、幸にも症状の軽い人が増えている一方、非常に強い感染力をもつため、感染を完全に防ぐことは以前にも増して難しくなっています。だからこそ、感染したら、あるいは感染しているかもと思ったら、それ以上拡げないように対策を強化することが大切です。インフルエンザなどでもそうですよね。今は治療薬や治療法も確立してきて**治る病気**になってきています。感染力がある期間はたったの1週間程度です。感染の連鎖を自分で断ち切ることが感染拡大への1番の対策となります。

衣服やマスクの管理はどうしたらいいの？

◆衣服の洗濯で気をつけることはあるの？

　新型コロナは衣服に付着した状態で1～2日間生存する可能性がある[5]とされていますが、実際に衣服からの感染が疑われた例はなく、布などの無生物に付着したウイルスが空気中に舞うということは、通常はないと考えてかまいません。衣服の種類によって感染リスクが明らかに異なることもないと考えてよいです。でも家に帰ったら服を脱ぎっぱなしにせず、できるだけ早く**洗濯しましょう**。これは新型コロナに限ったことではなく、汚れた服をそのままにしておくと**雑菌が増殖する**からです。普段から清潔な生活を心がけることは通常の感染対策としても十分効果がありますので、衣服に関しても常に清潔なものを着用するようにしましょう。

◆使ったマスクはどうしたらいいの？

　新型コロナ流行後、多くの人が積極的にマスクを着用するようになりました。厚生労働省をはじめ公的機関もマスク着用を推奨していましたし、どこへ行くにも必須のアイテムになりました。マスクの取り扱いについては**第7章**で詳しくお話ししていますが、ここでは洗濯や外したときの保管方法を中心に少しだけお話しします。現在は、不織布でできたサージカルマスクのほか、さまざまな素材でできたマスクが出回っており、ご家庭で洗濯して使っている方も多くいらっしゃると思います。**第7章**でもお話ししましたが、**サージカルマスクは「使い捨て」**が原則です。サージカルマスクは洗濯すると穴が開いたり、不織布の構造が壊れて性能を維持できなくなるため、洗濯して何回も使用することは避けてください。洗濯可能な布マスクなどは問題ありませんが、何度も洗濯すると繊維が傷んで飛沫の拡散防止効果が落ちる可能性はあります。そのため、使用頻度が高い場合は新しく購入するのがよいと思います。

　また衣服と同様に、マスクに付着したウイルスが空気中に飛散することはありません。つまり、外したマスクを置いておいてもウイルスが飛散することはありませんので、お家などで外したマスクは洗濯ばさみやフックに引っかけてぶら下げたり、汚染面（顔に接していない面）を下にした状態でティッシュなどを敷いて、人の手の触れないところに置いておくのもよいと思います。マスクケースやビニール袋を使用する方もおられると思いますが、汚染面によりケース内全体が汚染される可能性があるため注意が必要です。清潔な**スペアマスク**を入れるために使用するのであれば問題ありません。ちなみに筆者は、食事などで外す際は洗濯ばさみでぶら下げて、表面がほかのものにつかないようにしています。

 ## 保護者の方へのアドバイス

- タオルなどの共用は避ける
- 洋服やマスクは清潔なものを身につける
- 感染している可能性が高い場合は、いったん家族との距離をとる

子どもたちにとって過剰と思われる感染対策への アドバイス

- 家族内で感染対策を徹底することは困難。可能な範囲で基本的な感染対策をする

【まとめ】
- 家庭内では十分な換気と食事前の手洗い、タオルなどの共用を避けるといった一般的な感染対策をする
- 衣服は通常の洗濯をし、清潔なものを身につける
- サージカルマスクは使い捨てを原則とする
- 外したマスクはほかのものに接触しないようにする

- 文　献
1) 新型コロナウイルス感染症（COVID-19）診療所・病院のプライマリケア初期診療の手引き Ver 3.0
2) Razai MS, Doerholt K, et al. BMJ 2020; 368: m800
3) 厚生労働省（https://www.mhlw.go.jp/stf/seisakunitsuite/bunya/0000121431_00348.html）
4) Madewell ZJ, Yang Y, et al. JAMA Netw Open. 2022; 5（4）: e229317.
5) Chin AWH, Chu JTS, et al. Lancet Microbe. 2020; 1（1）: e10.

13. 休日の外出はどうするの？

「どこに行くか」ではなく「何をするか」が大事

「感染対策を意識した生活での感染リスク」を基準として比較した、各施設利用時の感染リスク[1]

施設	ショッピング	レストラン	職場	美容室
感染リスク（倍）	0.9	2.2	0.8	0.8

施設	スポーツジム	公共交通機関	バー/コーヒーショップ	教会/宗教集会
感染リスク（倍）	1.6	0.7	2.2	1.8

「不特定多数の人」が集まるところは感染リスクが高い
特に「会食」の場は極めてリスクが高い
さらに、「不特定多数の集まる会食の場」では濃厚接触の記憶がない例が多い
「どこに行くか」ではなく、「何をするか」で感染を考えます！

行く場所のリスク評価を考えます

考え方は「3密ではないこと」「短時間であること」「ものに触れたら手を洗うこと」「人が近くにいないこと」「近くにいても健康とわかっている人であること」「換気がよいこと」の全てを満たしてコントロールできていればよいと思います。注意すべきポイントを意識することです。

疑われる症状のある人がいない前提！！

公園
3密：なし
短時間：可
手洗い：施設による
知り合いのみ：調整可
換気：最高

スーパー
3密：状況による
短時間：可
手洗い：状況による
知り合いのみ：調整可
換気：施設による

パチンコ
3密：状況による
短時間：不可
手洗い：可
知り合いのみ：不可
換気：施設による

ジョギング
3密：なし
短時間：可
手洗い：状況による
知り合いのみ：調整可
換気：最高

電車
3密：状況による
短時間：可
手洗い：駅で可
知り合いのみ：不可
換気：悪くない

飲食店・バー
3密：状況による
短時間：不可
手洗い：可
知り合いのみ：調整可
換気：施設による

外出するときはどうしたらいいの？

　「Go To トラベル（全国旅行支援）」「Go To イート」などのキャンペーン実施期間中であればなおさら、お出かけもしたいと思います。ただし、特に夏休みや冬休みなどの人が大勢移動する期間については、どうしても多くの人との接触が増えてしまいます。年末年始や行楽シーズン等における感染対策については、どう考えればよいのでしょうか。

　これはズバリ、「目の前の人が感染していたかどうか」が全てです。一緒に行動した人（たち）が感染していたら、どんなに感染対策をしていても感染が起こりえます。逆にいうと、一緒に行動した人（たち）が感染していなければ、どんなに感染対策に不備があっても感染しません。なぜならウイルスがいないからです。

　そうはいっても感染しているかどうかなんて見ただけでわかったら苦労はしませんよね。そして第1章でもお話ししたように、無症状でも感染するのがこの病気の特徴でもあります。なので、目の前の人が感染者である可能性と、自分も知らないうちに感染者になっている可能性を考慮して、お互いに感染しない・させない努力をするのです。この考えはどんな状況でも変わりません。外出という不特定多数の人と接する機会が増える場面では次のことに注意しましょう。

　①接触・飛沫感染対策を欠かさない
　②流行期は3密になりそうなところにはできるだけ近寄らない
　③医療機関に立ち入るときはマスクを着用する
　④不特定多数の人が触ったものに触れた場合は手洗いをしっかり行う
　⑤換気のよい空間を保つようにする
　⑥滞在時間をできる限り短くする

　①〜⑤はこれまでも繰り返し出てきましたので、もうおわかりかと思います。どうしても人の多い場所へ出かけなければいけない場合は、感染対策としてもう1つ「滞在時間をできる限り短くする」を加えます。

　たとえば、スーパーへ買物に行くなど、どうしても密になる可能性のある空間を避けることができない場合もあると思いますが、そういう状況での感染リスク

には、**滞在時間**が影響してきます。つまり、滞在時間が長ければ長いほど感染リスクが上がります。これを受けイギリスでは、いわゆる「3密」以外に「**長時間の滞在**」についても感染リスクになるとして注意喚起がされています。

ですので、流行期における外出時には、

- 3密かどうか
- 長時間か
- 換気がよいか
- 会話をともなう場所か
- 不特定多数の人がいるか

を検討してください。長時間の滞在のイメージとしては、「同じ人と同じ環境に、15分以上」が目安になります。

たとえば、公園などの人との距離が十分とれるような広い場所においては長時間滞在しても、それほど感染リスクは高くありません。スーパーやデパートなどのように不特定多数の人が利用する場所でも、往来が多く、1カ所に長く滞在する可能性の低い場所も同様に感染リスクは上がりにくいです。また、一見して感染リスクが高いと思われがちな電車などの公共交通機関も、実際には話す人がほとんどおらず、定期的にドアが開くことで換気がされ、その都度中にいる人たちが入れ替わるような環境ですので、感染はしにくいと思われます。満員であったとしても何時間も隣に特定の人がずっといることは考えにくく、やはり感染リスクは低いです。

◆ 飛行機やツアーバスは？

第10章でもお話ししましたが、IATA（国際航空運送協会）の報告[2]では、飛行機での感染リスクはじつに2,700万分の1（なんと宝くじの1等当選レベル！）にすぎないとされています。飛行機は密な空間と思われるかもしれませんが、じつは非常に換気がよく、数分に1回機内の空気が入れ替わります。加えておしゃべりをする人が少ない状況では、飛沫が飛び散るリスクはさらに低くなっていると考えられます。ですので、思いのほか安全に乗ることができるのです。ただし、も

ちろん隣同士でおしゃべりしていた友人が感染者ならリスクはあります。

　一方で、バス旅行などのツアーには注意が必要です。市中を走る公共のバスであれば皆さん静かに乗っていますが、ツアー旅行は車内で長時間不特定多数の人が、おしゃべりをしたり飲食（アルコールが入ることも）をしたり、うたったりします。どうしても感染リスクを下げることができない環境になりますので、そこに感染者がいればクラスターが起こりえます。中国からの観光客を乗せたバスでクラスターが発生した事例が2020年1月頃に多く報告されていました。やはり、感染症の流行期には

- 3密が避けられず、大声を出しがちな場所はできるだけ避けることが無難

です。

◆映画館や劇場は？

　映画館や劇場はどうでしょうか？　一見不特定多数の人が密になっているようにみえますし、多くの場合で2時間以上滞在します。しかし、かなり天井が高いため部屋の中の容積は大きく、換気もしっかりされていますので、滞在時間が比較的長くても3密空間とはなりにくいです。特に大きな声で話すわけでもなく、静かに鑑賞しています。そういう意味ではクラスターが発生しやすい環境とはなりません。

　しかし、ライブハウスや居酒屋などでは不特定多数の人が長時間近い距離にいて、しかも大きな声を出すことが多くなりますので、どうしても感染リスクは上がってしまうでしょう。不特定多数の人が近くにいて大きな声を出す。これが感染リスクとなることはもうご存じの通りですね。

「不特定多数の人と一緒にいる」ということは

　過去のクラスター例をみると、確かに「病院・介護施設でのクラスター」「飲食店でのクラスター」「家庭内でのクラスター」「カラオケ店でのクラスター」「屋形船でのクラスター」「ライブハウスでのクラスター」などいろいろな事例がありました。

このうち、飲食店やカラオケ店での事例は店全体に影響するものではありません。たとえば、カラオケ店で複数人が感染した事例は、隣の部屋にいた人まで感染したわけではありませんし、飲食店でのクラスターの事例も仕切りを挟んで別のお客さんまで感染したというものは、新型コロナにおいてはほぼありません。

　一方で、**ライブハウス**では会場全体に感染者が出たとか、**クルーズ船**でも船全体で多くの感染者が出たなどの報告がされています。

　これら「不特定多数の人が集まる場所」でクラスターが発生した事例ですが、大事な点は、最初にお話しした通り「長時間接する人が感染者であったかどうか」です。ですから外出にあたっては、出かける先が換気が悪いなどの「感染リスクの高い空間かどうか」、「一緒に行動する人」「同じ時間を過ごす人」が「感染しているかどうか」「感染リスクのない行動をしていたどうか」に注目してほしいと思います。

　残念ながら「不特定多数の人」は、「面識のない人」だけとは限りません。コロナ禍では「親しい友達」も「職場の同僚」も、それぞれがさまざまに生活していることを考えると、「面識のない人」に接する場合と同様に注意する必要があります。新型コロナは感染しても無症状の場合も多く、また、無症状の時期から感染力をもつという特徴がありましたね（第1章）。また、どんなに注意して生活していても感染のリスクはゼロにはなりません。そのため、自分自身も含めた1人ひとりが誰かにとっての「不特定多数の1人」であるという意識をもって、感染しない・させないための対策をとっていただきたいと思います。

　仮に感染者がいたとしても、職場内などで常時適切な感染対策をしっかりしているなら、感染が大きく拡がるリスクは低いです。

　第4章で中国のレストランのエピソードを紹介しました。換気が悪い空間で、感染者の近くに座っていた面識のない家族にも感染が拡がった、という事例でした。ここでも換気がよく、しっかりと距離がとれる空間だったならば、無関係な家族に感染が拡がることはなかったと考えられます。つまり、適切な感染対策ができている飲食店であれば、感染者がいたとしても、感染リスクは極めて低くなります。

ちなみに、部屋が離れていても、距離が離れていても感染してしまうのが、結核や麻疹などのいわゆる「**空気感染**」を起こす疾患です。新型コロナでは**マイクロ飛沫（エアロゾル）**感染が起こることはあっても何mも先まで感染するような空気感染が起こることは少なく、結核や麻疹ほどの感染範囲はもっていません。詳しくは**第4章**を参照ください。

全国旅行支援の開始当初、巷（ちまた）では「Go Toは感染リスクが上がる、即刻中止を」という声が多かったのですが、「Go To」それ自体が感染を助長しているわけではなく、「Go To」をした先での行動が影響しているのです。「東京に行ったら感染する！」と思っている人もいるかもしれませんが、東京の人全員が感染しているはずはありません。東京の感染者数も東京の全人口に比較したら一握りであり、ほかの地域と変わりません。大事なのは「どこに行くか」ではなく「何をするか」なのです。「東京に行くと感染！」と考えることは他者への偏見や誹謗中傷、風評被害の始まりとなってしまい、至るところで小さな分断が生じてしまうのです。

感染症の流行が極めて大きい場合を除けばお出かけはしてもよいと思います。ただし感染対策をしっかりすること。これを強く意識しましょう。

 保護者の方へのアドバイス

- 不特定多数の人と接するような場所に家族で出かける際は、「手洗い」「マスク着用」「距離を確保する」といった通常の対策に加えて滞在時間をできるだけ短くする

【まとめ】
- 外出やお出かけは「どこに行くか」ではなく「何をするのか」が大事
- 「密かどうか」「長時間か」「換気がいいか」「会話をともなう場所か」「不特定多数の人がいるか」に注目する
- 適切な感染対策ができていれば全く知らない人からの感染リスクは低い

• 文　献
1）Fisher KA, Tenforde MW, et al. MMWR Morb Mortal Wkly Rep. 2020；69（36）：1258-64.
2）国際航空運送協会（https://www.iata.org/contentassets/a1a361594bb440b1b7ebb632355373d1/2020-10-08-jp.pdf）

14. ワクチン

ワクチンの種類	不活化ワクチン	生ワクチン	mRNAワクチン
素材	ウイルスや細菌の一部分	弱らせたウイルスや細菌	ウイルスの遺伝子の一部分
代表例	肺炎球菌、B型肝炎、3種混合、日本脳炎、インフルエンザ	BCG、麻疹・風疹・水痘、おたふく風邪	新型コロナウイルス感染症

感染症とワクチン

　新型コロナウイルス（以下、新型コロナ）感染症で最も期待され、そしてマスクと並んで多く議論されたものはやはりワクチンだと思います。ワクチンの話をするとどうしても感情的な報道や発言も出てきますし、SNSを通じて多くの専門家でない人も発信できる時代ゆえに、何を信じるかを冷静に見極めることが重要です。ワクチンに限らず、しっかりと考えて欲しいのは「100％危険、100％安全」のように、ものごとを2元論でとらえるのではなく、そのあいだにあることをどうとらえるかということです。もちろん、自分と違う意見の人を攻撃する必要はありません。人は自分の信じたいものを信じ、無意識のうちにそれを強固にしようとしますが、そんなに単純なことばかりではありませんよね。自分とは違う意見に耳を傾けるのは簡単ではないかもしれませんが、広い視野でとらえることで見えてくるものもたくさんあります。

◆ワクチンの歴史

　ワクチンの話はとても難しいです。その構造を詳しく説明するにはおそらく本1冊では終わらないので、ここではその歴史を簡単にお話ししましょう。

　ワクチンの話をする上で欠かせないのはエドワード・ジェンナー（1749〜1823）ですよね。初耳という方もぜひ聞いて下さい。ジェンナーはイギリスのバークリーというところに住んでいた医師でワクチンの生みの親といわれています。当時イギリスでは**天然痘**の予防接種として、天然痘患者の膿疱から抽出した液体を健常人に注射する方法がとられていました。しかし接種者の中に重症化する例があるなど、安全性に問題を抱えていました。そんなとき、ジェンナーは自分の町の牛の乳搾りをする人達のあいだで「牛痘にかかると天然痘にならない」というエピソードがあることを知ります。
　牛痘は天然痘より軽症であったため、その牛痘の患者の膿疱の液体を注射すれば天然痘も防げるのではと考えます。1796年、研究の末、使用人の8歳の子どもに牛痘成分を接種しました。その後その少年に天然痘を接種しても発症しなかったことから、天然痘に対する免疫を獲得したことがわかりました。

　まだ細菌もウイルスもその存在が知られていなかった時代です。その劇的な効果によりまたたく間にジェンナーの予防接種が拡がりましたが、中には「牛痘を打つと牛になる」というようなデマも流れていたようです。こうして「疑似的な感染歴を作ることで実際の感染を防ぐ」という予防法が確立し、ラテン語の雌牛（Vacca）という言葉からワクチンと呼ばれるようになりました。その後も改良を繰り返し、世界中に天然痘のワクチンが拡がったことにより、1977年のソマリアで発生した患者をもって**根絶宣言**が出されました。1980年のことです。

　天然痘は人類が唯一根絶に成功したウイルスです。ワクチンは天然痘だけではありません。「麻疹（はしか）」「風疹」「百日咳」「ポリオ」「おたふく風邪」、そして「インフルエンザ」に至るまで、感染そのものや発症の予防、また重症化の予防に高い効果を発揮するワクチンが次々に登場しています。ただし、日本は長いあいだ**ワクチン・ギャップ**というものに悩まされていました。ワクチン・ギャップとは「多くの国で定期接種されているワクチンが、日本では接種されていない」

というものです。

◆日本のワクチン事情って？

　戦後日本は公衆衛生の向上のために医療の拡充や、ワクチンの拡充と接種義務を課してきました。その結果、たとえば毎年1万人前後の乳児が死亡していた百日咳は、1950年のワクチン導入により、感染者、重症者ともに激減し1970年頃には感染者数は200人前後にまで低下しました。しかし同じ頃、ワクチンによる髄膜炎を発症するのではないかと当時のメディアがセンセーショナルにとりあげ、中止せざるを得なくなりました。その結果1979年には、感染者が13,000人にまで増加しました。また、1989年にはMMR（麻疹、風疹、おたふく風邪）ワクチンによる髄膜炎の集団訴訟に国が敗訴し、以降日本のワクチン製造や推奨は及び腰になってしまいました。

　そして諸外国では当然のように接種されているワクチンが、日本では定期接種や保険適応になっていないために、予防できるはずの感染症で苦しむ人がいまだ多くいるのです。

　特に日本人はリスクというモノに非常に慎重な傾向があるようで、その傾向が過剰に出てしまうと、9,990人が助かっても10人に健康被害が出るものは「悪」であるという極端な話になってしまいます。もちろん、この10人をないがしろにしてもいいということではありません。100％安全なものは存在しないからこそメリットとデメリットをきちんと理解したうえで、自分にとってはどうか、自分はどうするかをそれぞれがしっかりと考えることが大切です。そしてさらに大切なことは、その自分が選択したものが正しいかどうか、常に考え続けることです。考えに固執するあまりに外部からのどのような声も非難にしか聞こえなくなり殻に閉じこもってしまうのではなく、いつでも再考できる柔軟な姿勢が大切ですね。そのためにメディアはよい面、悪い面のどちらか一方のみを伝えるのではなく、個々が適切に判断するために必要な情報を偏りなく伝えてくれることを願っています。

　ワクチンは医療界最大の発明の1つといって過言ではありません。その病気を予防する効果はおそらく何千万人もの命を救い、生活を救い、今に至っています。健康被害が出ることはもちろん避けたいし、そのためにいまこの瞬間も世界

中で研究が重ねられています。だからこそその意義も含めきちんと理解すること
が大切ですね。

mRNAワクチンとは何か

　今回の新型コロナワクチンにおいて最も話題となったのはmRNAワクチンと
いうものです。そもそもワクチンには一般的に次の2つがあります。

- **不活化ワクチン**（インフルエンザ、日本脳炎、ポリオなど）：ウイルスなど
  の一部を取り出して接種するもの。生きたウイルスではないため感染が成立
  することはないものの、一般的に効果はそれほど強くなく、長持ちもしない。
- **生ワクチン**（麻疹、風疹、水痘など）：ウイルスや細菌を弱体化させて病原
  性を落としてから接種するもの。ウイルス自体を接種するので効果は強く長
  持ちするが、全身的な副反応も出やすい（感染、発症するわけではない）。

　いずれの理屈も「病原体の成分を接種して、人間の体の中で免疫を作らせ、感
染したときに防御できる力をつける」というものです。

　mRNAとはmessenger Ribonucleic Acid（メッセンジャーリボ核酸）の略であり、
DNAからコピーされた部分のことです。細胞の中には生物の設計図であるDNA
（デオキシリボ核酸）というものがあり、ここに書かれている特定のタンパク質
の設計図をRNAが写し取って、人体を構成するタンパク質を作るように指示を
します。ケーキ作りでたとえるなら、ケーキ全体のレシピ（DNA）の中からスポ
ンジを作るページをコピーして（RNA）、そのコピーを元にスポンジ（タンパク
質）を作るようなイメージです。RNAは設計図があれば自動的にその設計図通り
のタンパク質を作ります。

　あるウイルスに対応する抗体（タンパク質）を作るには、そのウイルスのDNA
（設計図）のなかから、抗原として抗体に反応する部分（新型コロナならスパイク
蛋白）を見つけて、部分的な設計図であるmRNAを精製します。そのmRNAを注
射して人体内で抗原を作り、抗体を人為的に産生させるというものです。ウイル
スの全DNA情報がなくても、抗原になる部分の情報を外から接種すれば、そこ

だけ作らせて抗体を獲得することができるのです。

　このワクチンの画期的な点は、大きく次の2つです。
- 病原体そのものを使わずに済むため弱毒化の必要がなく、大量に作ることができる
- 病原体を使うこれまでのワクチンに比べ、短期間で開発・製造ができる

　病原体そのものを使うワクチンでは、弱毒化・不活化という工程が必要でしたが、mRNAワクチンではその必要がありません。そのため、病原体そのものを使うことのリスクを回避できます。さらに、mRNAワクチンでは病原体を分離・培養をする方法を探し出す必要も無いため、必要な材料も少なく短期間で作成できます。第4章のコラムでも「この研究は20年以上前から行われていた」とお話ししました。そんなに優秀なワクチンであればどうしてこれまで使われなかったのでしょうか。今あるワクチンは既に安全性と効果が確認されているため、わざわざコストと時間をかけて新しいワクチンを開発する必要がなかったのです。今回満を持して、新型コロナに対して作られました。

◆新型コロナワクチンってどのくらい効果があるの？

　実際に臨床現場で使用されると、なんと新型コロナの感染率、重症化率、死亡率、人に感染させる力までも95％ほど減らすことが明らかになりました。当初現場の人間としてはそんなに効くのかと眉唾物でしたが、実際にワクチン接種が進むと、感染しても発症せず、濃厚接触者になっても感染すらしないのです。次から次へと中高年の方を中心に重症化し、人工呼吸器をつけても亡くなる方が多かった2021年初頭までと比べれば、目を疑うレベルでした。むしろワクチンを打っていない人ばかりが重症化していくのも間近で見ていたからこそ、早く多くの人に打って欲しい、これでどれだけの命が助かるかという思いで、医療者は毎日毎日、土日も休まずワクチンの接種をしていました。
　しかし、そのワクチンに大きな弱点が見つかりました。それはデルタ株に対する感染予防効果が半年もすると30〜50％にまで低下してしまうということです[1]。幸い、重症化予防効果は低下していませんでしたが、感染者が多くなるとやはり重症化する人も増えてしまうので、3回目接種が必要とされました[2]。そ

して3回接種することにより、予防効果は60〜70％くらいまで改善しました[3]。そのような中でオミクロン株が出現したのです。

　新型コロナのワクチンはもともとデルタ株までの新型コロナに対して作られたものです。当然ウイルスもワクチンによって拡がることができなくなると、ワクチンが効く変異は淘汰されるので、ワクチンの効かない変異株が出てきます。そうして今主流となっているのがオミクロン株です。当初のワクチンがデルタ株以前に比べ効きにくくなり、2回接種でも予防効果は70％ほどにとどまっています[4]。しかも3カ月もすれば感染予防効果はどんどん落ちてしまったため、4回目以降のワクチンとして2022年10月からはオミクロン株にも対応した2価ワクチンが使用されています。

 ## コラム　ワクチンの効果はどうやって調べるの？

　よくワクチンの感染予防効果で95％！　とか50％！　とかいわれますが、どういう意味なのでしょうか。簡単にいうと「ワクチンを打っていない状態と、接種した状態での感染者数を比べて、どのくらい減ったのか」ということです。たとえば接種してない1,000人のあいだで100人感染者が出て、接種した1,000人のあいだで5人感染者が出たら、（100−5）/100＝95％減ったことを示し、その数字が100％に近いほど有効ということです。症状が95％軽くなるという意味ではありません。ほかのワクチンの有効率は以下のようになります（表1）。

表1　ワクチンの感染予防有効率[5]

ポリオ	99％
麻疹	95％
ジフテリア	95％
風疹	95％
水痘	92％
帯状疱疹	91％
おたふく風邪	88％
髄膜炎菌	66％
肺炎球菌	60〜70％
インフルエンザ	40〜60％

具体的なお話しをすると、たとえば麻疹では95％くらい効果があります。ワクチンがなかった時代は毎年15万人くらいの人が感染しており、死者は毎年4,000～5,000人でほとんどが1歳未満の乳幼児でした。それが、ワクチン接種が開始してからはどんどん発生が減り、2019年には感染者が700例前後にまで低下しています。

　また、50％くらいのワクチン効果といわれるインフルエンザは、毎年ワクチンを3,000万人ほど打っていますが、1,500万人くらいの感染者が出ています。つまり3,000万人くらい感染者が出るのを半分ほどに抑えているということになります。

　ところで、ワクチンの効果と聞くと「**感染予防**」というイメージが先行しやすいですが、**重症化予防**や**死亡予防**など色々あります。○○％有効！　といわれたときは、「何に対してなのか」という点もきちんと確認することも必要です。特にオミクロン株に対する新型コロナのワクチンは感染予防よりも重症化予防が意識されています。

◆ワクチンの効果はすぐにわかるの？

　社会全体に対するワクチンの効果は結局、あとからでないと評価できません。「3,000万人の感染者が出るはずだったのを1,500万人にした」といわれても「なんだー。めちゃくちゃ感染者いるじゃん」とか、「95％効くっていわれても、自分や自分の家族は感染したんだけど…」とか。個人レベルでは感染したかしなかったかの二択ですし、打ってない世界を経験していないので比較のしようがなく、効果を実感しづらいのです。

　「42万人が死ぬ！　といわれていたのに、死ななかったじゃないか」という声もありますが、「日本中が1つの病気に対して徹底した感染対策をした」からこそ、感染の被害を予想よりも抑えることができたのです。

　専門的な話はどうしても難しくなるため、専門家のあいだでしか理解できない部分も多いことも事実です。一方で、一般の方にも理解できるようにきちんと説明することもまた、専門家の務めであると筆者は考えています。そしてその話を子どもたちにも伝えるには、学校の先生方の力も必要です。ですので、まずは先生方に溢れる情報に振り回されることなく適切な情報を入手してもらえればと思います。適切に理解しようとすることが適切に恐れることの第一歩ですね。

新型コロナと子どものワクチン接種

　さて、そんな新型コロナワクチンの子どもたちへの効果はどうでしょうか。当初は成人のみに投与されるワクチンでしたので**デルタ株**以前の子どもたちへの有効性に関するデータはほとんどありません。当初16歳以上だったワクチンの適応年齢は2021年の6月からは12歳以上へ、2022年2月からは5歳以上へ、そして2022年10月からは生後6カ月以上へと段階的に引き下げられました。もちろんなりふり構わず何も調べずに引き下げたわけではなく、海外のデータを元にきちんと評価した上で引き下げが行われています。

　では、子どもたちへのワクチン接種についてはどう考えればいいのでしょうか。まず、ワクチンの効果というのは

- 感染、発症予防
- 重症化（入院）予防
- 死亡予防
- 感染拡大予防（人へ感染させない）

などの効果とともに、接種に対する安全性も評価されています。そしてそうした客観的な評価を元に、ワクチンを打ってまで予防すべき疾患なのかどうかという観点が接種を推奨あるいは開始するかどうかの最終的な判断の1つになります。現在、第7波の期間における20歳未満の感染者は約300万人とされ、死亡者は20人ほどです（2022年10月時点）。15万人に1人のレベルです。インフルエンザも10〜20万人に1人という死亡率ですから数字上はほぼ同じレベルです。入院する頻度は12歳以下ではインフルエンザと同等といわれますが、12〜17歳ではインフルエンザの4倍程度あるともいわれています[6]。

　また、新型コロナに関しては症状改善後も多彩な後遺症が報告されており、子どもでは新型コロナの改善後2カ月ほど経ってから**MIS-C（多系統炎症症候群）**とよばれる川崎病のような強い症状が突如起こる例もあります。加えてインフルエンザとは比較にならないほど強い感染力のせいで、子どもたちだけではなく大人たちへも感染を拡げることで結果的に社会全体への影響は甚大なものとなります。MIC-Sのような強い後遺症も含めて考えればインフルエンザよりも怖い病

気であることは間違いないと思いますし、死なないから感染してもいいというものではありません。日本小児科学会も子どもの呼吸不全例は比較的少ないとしても、患者数の増加に伴い「**クループ症候群**」や「**熱性けいれん**」「**脳症**」「**心筋炎**」などの重症例の報告が増加していることからワクチン接種を推奨しており、特に基礎疾患のある子どもにおいては推奨を強めています。

◆新型コロナワクチンの効果ってどのくらいあるの？

ではその効果はどうでしょうか。オミクロン株に対して子どものワクチン接種の効果は感染予防に対して31％、救急外来受診予防効果は51％、入院予防効果は68％と報告されています。確かにデルタ株以前ほどの効果ではないですが、上述のMIS-Cに対しては90％予防できるともいわれます[7]。

安全性に関しても5～11歳の子どもたち、約5万人に接種したところ接種部位の痒みや痛みがあったのは**50％前後**でしたが、**倦怠感は5％前後**、**発熱は3％前後**と大人の1/10程度でした[7]。副反応で入院が必要となったのは1万人に2人程度であったそうです。アメリカの全国的なデータでも、ワクチン接種後の心筋炎は100万人に2.2人、アナフィラキシー反応は約500万人に1人程度といわれています。総じて**成人よりもだいぶ安全性は高い**と考えられています。

第1章でもお伝えしたように、新型コロナは「命に関わるか」という点だけに注目すれば、インフルエンザや一般的な風邪に近いところまできています。それに対してのワクチンも発熱などの副反応は認めますが、過去のワクチンと比較しても危険性が高いということはないと考えられます。そういったデータを元に、ご家族やご自身にとってワクチンを打つことのメリットがどの程度あるのか、実際の自分たちの生活スタイルや考え方を考慮しながら決めていくことになります。リスクの考え方は人それぞれですし、誰が打てといったからとか、打つなといったからという理由で決めるものではありません。特に、打つことを殊更に勧めたり、打たないことを強要したりするような極端な人への相談はいずれも不安が増すことになります。新しいものに対する不安はつきものです。その不安に対していろいろなところからさまざまな情報が出ているために、ますます迷うこともあると思いますので、ワクチンに関する公的な相談窓口や病院の相談窓口などを利用するのもよいと思います。子どもたちのことを思えばこそ、適切に学び、

適切に理解して、ご自分が納得のできる選択をしていただければと思います。

 保護者の方へのアドバイス

- ワクチンのメリットがどの程度あるのか把握する
- 必要に応じて公的な相談窓口や病院の相談窓口などを利用する

【まとめ】
- ワクチンの効果には「感染予防」「重症化予防」「死亡予防」など様々なものがある
- mRNA ワクチンは短期間で、大量に作ることができる
- ワクチンのメリットと、自分達の生活スタイルや考え方を考慮して接種を検討する

・文　献
1) Chemaitelly H, Tang P, et al. N Engl J Med 2021; 385 (24): e83.
2) Bar-On YM, Goldberg Y, et al. N Engl J Med 2021; 385 (15): 1393-400.
3) Accorsi EK, Britton A, et al. JAMA 2022; 327 (7): 639-51.
4) Andrews N, Stowe J, et al. N Engl J Med 2022; 386 (16): 1532-46.
5) CDC. The Pink Book: Course Textbook - 14th Edition. 2021.
6) Delahoy MJ, Ujamaa D, et al. Clin Infect Dis 2022; ciac 388.
7) Hause AM, Shay DK, et al. Pediatrics 2022; 150 (2): e2022057313.

第4部
コロナ禍を乗りきる

15. 子どもたちのメンタルヘルス

新型コロナウイルス感染症が子どもたちに与える影響[1]

療育施設での受け入れや訪問看護が途絶えると、医療的ケア児の合併症のリスクが高まる

一斉休校は子どもたちの教育の機会を奪い、子どもを抑うつ傾向・情緒障害に陥らせる

学校給食や子ども食堂の食事で食いつないでいた貧困家庭の子どもが食生活に困窮する

乳幼児健診の機会を逃すと、子どもの心身の健康問題や母親の育児不安の早期発見・介入の機会を逃す

予防接種の機会を逃すとワクチンで防げる病気（VPD）に罹患するリスクが高まる

子どもの感染のほとんどは親から

ただし、ほとんどが軽症

福祉の援助が十分に行き届かない中で、

親子ともストレスが増大し、家庭内暴力や子ども虐待のリスクが高まる

子どもたちのメンタルヘルス

　新型コロナウイルス（以下、新型コロナ）の感染拡大は、子どもたちの心にもいろいろな影響を与えました。

　2020年、突然の「全国的な**一斉休校**」に始まり「学校内での**クラスター**の発生」「マスク着用の是非」「遊びの制限」「部活動や修学旅行などの中止」「**リモート学習**」…と、子どもたちを取り巻く環境は大きな変化を余儀なくされました。

　古今未曾有の感染症の拡大のために、大人も子どもも、大なり小なり強制的に生活や行動を変容せざるをえなくなっている状況の中、子どもたちは精神的にも肉体的にも発達段階であり、ストレスをうまく表現することができずに孤立した

り、集中できなくなったり、人間関係をうまく形成できなくなってしまうことも懸念されていました。

◆子どものストレス軽減のために重要なこと

国立成育医療研究センターが定期的に行っている「コロナ×こどもアンケート」によると、「コロナのことを考えるといやな気持ちになる」という子どもは、2020年の調査では47％と半数近くいました[2]。2022年に行われた調査でも34％になっています。またそれ以外にも、学習の遅れや友達関係をうまく築けないことに対する不安、新型コロナに対する政府の対応や大人たちの行動への不満など、子どもたちやその家族からはいろいろな声が出ています。

コロナのことを考えるといやな気持ちになるのは筆者も同じですし、学校の先生方も同じだと思いますが、可能な限り子どもたちをそのストレスから解放してあげることがとても大切です。一般的に、大きな災害があったときなどは、子どもたちに対して次の4つの働きかけが大事とされています。

1. 安心感を与える
2. 日常を取り戻すことを助ける
3. 災害のネガティブな映像や情報を繰り返しみせない
4. 子どもの心には回復力があることを信じて見守る

新型コロナに関しても同様で、子どもたちへの接し方として常に上記の4点を意識する必要があります。

さらに学校においては、学校の先生方が繰り返し適切な情報を教えてあげることが大切です。「新型コロナとはいったいどういうものなのか」ということを正確に伝え、子どもたちに現状を理解してもらう必要があります。

そのときに注意しなければならないのは、年齢の低い子どもほどショッキングな映像や情報に触れると、「それを自分のことのようにとらえ、不安でいっぱいになりやすい」という点です。ですので、なるべく子どもたちを安心させる伝え方を心がけてください。つまり、「新型コロナの情報によって日常生活を大きく変える必要はないこと」「感染対策をする必要があるからといって日常の歯磨き、

お風呂、ご飯、家族との時間などが制限されるわけではないこと」「普段通りの生活にできるだけ近い形を続けられること」を、しっかりと伝えてあげてほしいのです。

　また、小学校高学年～中学生くらいになると、スマートフォンなどを通してSNSでいろいろな情報を手に入れる子どももいるかと思います。感染症に限らず、SNSのような情報の大きな海の中では、「何が正しく」「何が間違っているか」を選択する力がとても求められます。

　特に昨今はインターネット上で誰もが自分の考えを大きく発信できるようになりました。そこにはよい部分もありますが、発信の信憑性や責任がないがしろにされるリスクもあります。また、マスメディアは「見てもらうこと」に主眼を置くことが多く、尖った主張や極端な論調に繋がりやすい一面もあるように思います。そういった強い言葉を使った見出しは特に目を引きやすく、つい見てしまう人が多いという一面も持っています。結果としてきちんとしたメディアもたくさんあるのに、その声はかき消されてしまいます。

　今の子どもたちはデジタルネイティブといわれ、産まれたときからインターネット環境が整っています。そのため、本や新聞、テレビからよりも、ネットから情報を得ることに慣れています。しかし情報の真偽を確認する術を確実に身につけているかというと疑問が残ります。真偽よりも、おもしろいかどうかを求めてしまう場合もあるようです。また、不安が強い人ほど誤った情報に流されやすい傾向がありますので、メディアリテラシーを高めるよう、SNSやインターネットとの適切なつき合い方を教え、一緒に考える時間をつくってあげることもまた重要であると思います。

◆ストレスの対処法

　同様のパンデミックが再び起こらないことを願うばかりですが、もし起こってしまった場合にも子どもたちの話を聴いてあげる姿勢をもっていただければと思います。また、これまで推奨されてきた感染対策をしないことに対して不安を覚える子も中にはいるかもしれません。

・「なんで大人は居酒屋で騒いだりご飯を食べに行くのに、子どもたちは黙っ

てご飯を食べなければいけないの？」
- 「体育祭や卒業式はできるの？」
- 「なんで隣の学校は修学旅行に行けるのに、自分たちはダメなの？」

　こういった声に対しても「当たり前」とか「よそはよそ」ではなく、真摯に聴いてあげてほしいと思います。ちゃんと子どもたちの顔をみて話し、子どもたちの声を心で受け止めることが、子どもたちの安心につながるものと思います。また、先生からそうした話をしてあげるだけでも子どもたちのストレスを軽減することができるでしょう。

　子どもであれ大人であれ、ストレスとなる出来事があったとき、その対処法は人それぞれですし、ストレスと感じるポイントや度合いもまた違います。人はストレスを感じると、「ストレスがたまったから大声で歌う」「ストレスがたまったからドカ食いする」といった行為をすることがありますが、こういったストレスに対する意図的な行動のことを「**コーピング**」といいます[3]。簡単にいうと「**気分転換**」とか「**気晴らし**」のことです。ストレスにうまく対処できる人というのは、この「コーピングをすぐ行動に移せる人」「コーピングの手段をたくさんもっている人」などが当てはまります。ストレスへの対処法は人により大きく異なりますが、「自分にとって最も有効な対処法（気分転換になること）は何なのか」を知っておくことは、大きなストレスがかかったときに、問題解決に至る近道となります。そのために、子どもたちと一緒に「自分のコーピングは何か？」を話し合う時間をつくってもよいかもしれません。

　学校の先生のほうがよくご存じだとは思いますが、子どもたちは、大人が思っているよりも現実を理解しています。取り繕ったところで、見透かされてしまいますよね。子どもは大人のみていないところで、日に日に成長していることを、現場の先生方は日々実感されていることと思います。

　医療現場の人間としてお願いしたいことは、やはり学校の先生方には子どもたちの心の支えになっていてほしいということです。それは、医師にも看護師にも検査技師にも薬剤師にもできません。子どもたちの一番近くで子どもたちの心を守ることができるのは家族や学校の先生だと思います。感染症に対しても、先生

方には適切な情報を得るという姿勢をぜひもち続けていただきたいと思います。適切な情報をもとに適切な行動を促すことが、子どもたちに安全と安心を与えるはずです。

【まとめ】
- 子どもたちに適切な情報を、安心できる話し方で繰り返し伝える
- 話を聴いてあげることで子どもたちにも安心感がめばえる
- ストレスに対する最も有効な対処法を知っておくことで、問題解決を早めることができる

• 文　献
1) 日本小児科学会（https://www.jpeds.or.jp/modules/activity/index.php?content_id=342）
2) 国立成育医療研究センター（https://www.ncchd.go.jp/center/activity/covid19_kodomo/report/#02）
3) 岡安孝弘. 小児看護 2003: 26 (8): 966-9.

16. 情報はどこから得るの？

飛び交う「感染症に関する情報」をどう扱えばいいの？

新型コロナウイルス（以下、新型コロナ）について、当初はどんなウイルスか全くわからず、「感染したらみんな死んでしまう」「感染者に近づいただけでうつる」など、さまざまな噂が流布し、「ただの風邪だ」という言説なども出ました。そういった噂が拡まった理由は、本当にそう信じたから、話題づくり、嘘だとわかっていたけど面白かったからなどさまざまです。

また、2020年の緊急事態宣言が発出された頃には「トイレットペーパーが品薄になる」「ロシアではロックダウンのために、人が街を出歩かないようにライオンが放たれた」など、ウイルスに直接かかわらないものに関しても、どこから出てきたのかわからない情報が飛び交いました。

こういった不確かな情報が流れるたびに、いたずらに不安な気持ちになったり、ときには適切でない感染対策にはしってしまうこともあるかもしれません。本章では、平常時とは異なる状況でも、情報や噂話に惑わされずに、主体的に確かな情報を取捨選択する方法についてお話しします。

正しい情報を得るにはどうしたらいいの？

◆不確かな情報って、どんなもの？

　SNSの発達により情報が速やかに流れるようになったのはとてもよいことですが、同時にデマや根拠のない情報もまた拡散されるようになりました。

　しかし、同様のことは過去何度も起きており、古くは14世紀のペストが流行したヨーロッパで、「ユダヤ人が井戸に毒を入れた」という情報が流れ、ユダヤ人がいわれのない暴行を受けたことがありました。日本でも東日本大震災の際、「外国人の犯罪が横行している」など根拠のないデマが流れました。

　情報を自分で吟味したり、信頼できる別の情報も得たりして、「そんなことあるはずがない」といえるようになりましょう。人間は「不安」や「恐怖」を感じる状況では、藁にもすがる思いで怪しげな情報すら信じてしまうことがあります。

　もちろん、すべての情報が悪意に満ちたものとは限りません。「勘違い」や「よかれと思って」というものもあるでしょう。ですが何気ないひとことでも、受け取った人たちが完全に信じてしまうと、あっという間に情報は拡散し、ときにパニックを引き起こすこともあります。

　1973年に起きた北海道の豊川信用金庫の例をみてみましょう。ある日、豊川信用金庫が倒産するという情報が町中に流れ、短期間に10億円以上が引き出される取り付け騒ぎが起きました。その後、情報がデマであったことがわかり、警察が調べたところ、その発端はある高校生の相談でした。豊川信用金庫に就職が決まった高校生が、友人の「（強盗等があるから）銀行は危ないのでは？」という冗談を真に受け親戚に相談したところ、いつの間にか「豊川信用金庫は（経営が）危ないらしい」という話にすり替わってしまいました。高校生から相談を受けた親戚は、知り合いの会社経営者やほかの親戚に「豊川信用金庫が危ないらしい」と話し、偶然居合わせた人や家族、通りがかりの住民、井戸端会議等を通じてまたたく間に噂が町中に拡がり、果てはアマチュア無線愛好家によってほかの町にも拡がりました。そのうちに噂は「豊川信用金庫が危ない（倒産するらしい）」という断定情報に変換され、豊川信用金庫に預金していた多くの人が払い戻しを求

めて窓口に殺到する大きな事態に発展しました。二次的なデマとして、「職員が
お金を持ち逃げした」「役員が自殺した」といった情報まで流れるなど大パニック
になりました。

◆なぜデマを信じてしまうの？

　人間はポジティブな情報よりもネガティブな情報に敏感で、さらにネガティブ
な情報ほど記憶に残りやすい傾向があります。これは「ネガティビティバイアス」
といわれる一種の防衛本能で、本来は危険を察知し、回避するためのものでし
た。このコロナ禍のように多くの人が不安を抱える状況では、特にネガティブな
情報にばかり目が向きがちですが、それにはこの「ネガティビティバイアス」が
働いていることも原因の1つと考えられます。また、詐欺や脅迫などの犯罪は、
このような人間心理を巧妙に利用する犯罪といえます。

　また、比較的狭いコミュニティ内で繰り返し類似の意見を見聞きすることで、
自分のもっている情報が正しいと思い込んでしまう現象（エコーチェンバー現象）
が起こりやすくなります。さらには一度正しいと思い込んでしまうとなかなか修
正できなくなってしまうことさえあるのです。

　最近では、SNSで流れる情報のファクトチェック（情報の正確性の確認）をし
て、信憑性の高い情報かどうかを調べてくれる企業まで登場しました。ネットリ
テラシー（インターネット上の情報や事象を正しく理解し適切に解釈・判断・運
用する能力）という言葉もありますが、インターネット上の情報に限らず、自分
が得た情報が正しいものなのかを常に確認する癖をつけましょう。

◆正しい情報はどこから得るの？

　では、こと新型コロナに関する正しい情報はどこから得ればよいのでしょう
か？　厚生労働省や各都道府県のホームページ、保健所などの公的機関の発信す
る情報を基準とすることが最も勧められます。公的機関の情報公開は遅くなる傾
向はありますが、十分な検証をしたうえで情報公開する義務があるためです。つ
まり情報公開が遅い分、よく吟味された確実な情報を公開しているといえるで

しょう。また、確実なことしか発信できないため、実情のすべてを伝えられないといったジレンマもありますが、それでも公的機関が発信する情報は信頼に足るものだと考えます。ただ、受け手側の理解によって解釈が変わることもあるため、オリジナルの情報でない発信には注意が必要です。

◆情報の正確性はどうやって判断したらいいの？

どのような確認をして判断していったらよいか、以下の4つのポイントを紹介します。

①「○○らしい」「知り合いの○○がいっていた」などの伝聞体の情報を入手したときは、情報の出どころを確認する。

☞伝聞体での文章はどのようにでも改変できるし、伝聞で伝わってくる情報は、「自分で1から調べた情報ではなく、ただ人から聞いただけだから」という安心感から、特に責任を感じることなくほかの誰かに伝えてしまいます。あなたが気軽に伝えた情報の中に、悪意のある内容や間違いはありませんでしたか？ 次の人に「○○らしい」と伝える前に、一度立ち止まって確認しましょう。

②発信元はどこか、自分の得た情報と似ているけど異なる情報や、自分の得た情報を否定する情報が存在しないのかを調べる。

☞重要な情報は、基本的には公的機関が発信します。出どころ（出典）のわからない情報を頭から信用して行動するのは危険です。どこから流れてきた情報なのか確認しましょう。その情報がフェイクであると指摘している人や、風評被害で困っている人はいませんか？ 情報を信用する前に一度立ち止まって確認しましょう。

③掲載時期や地域を確認する。

☞情報の内容が全く関係のない場所や時代のものであることもあります。熊本地震のときに「ライオンが檻から逃げ出した」という情報が写真つきで流れました。確かに町の中にライオンがいる写真ですが、よくみるとまわりの風景が日本ではありません。つまり、全く無関係な写真をつけて信憑性がある

ようにみせかけていたのです。それ以外にも、流れた噂話がじつは数年前の
ものだったという例もあります。この手の情報は、ほんの少し事実が混ざっ
ているなど、「100％のつくり話」ではないこともありますが、「そのとき・
その場所の情報でない」以上、やっぱり嘘といえます。異常事態や緊急事態
において流れてくる情報は、発信元や、関連する情報がほかにも出ていない
かなど、確認することが必要です。「嘘のようなホントの話」の中に「ホント
の嘘」が混ざっていませんか？　あわててほかの人に伝えてしまう前に一度
立ち止まって確認しましょう。

④その情報で何が変わるかを考える。
　☞筆者が行っている情報とのつき合い方をお話しします。「本当かな」と思う
　　情報に出くわしたら、まず「その情報によって社会や自分の人生・生活の何
　　が変わるのか」をよく考えることです。「トイレットペーパーがなくなる」「う
　　がい薬で新型コロナが減る」といった情報もよく流れていました。しかし、
　　どんなに目新しい情報があったとしても、これまでお話ししてきた感染対策
　　の「**手洗い**」「**マスク**」「**ソーシャルディスタンス**」「**換気**」などの有効度を変え
　　るものではありません。どの街の、どの施設で感染者が発生したとしても、
　　それによって自分の行動が変わったりはしません。日々すべきことを着実に
　　こなすことができていれば、情報に踊らされることもありません。このよう
　　に、自分がその情報を得て「するべきこと」が変わらないのであれば慌てふ
　　ためく必要はなく、落ち着いて行動することができるはずです。

◆信用できる情報はどう見極めればいいの？

　さて、医療の分野においても新しい検査法や治療法について日々多くの報告が
なされますので、われわれ医療従事者は「正確なもの」「有効なもの」を見極める
ために「エビデンス」を用います。「エビデンス」とは「証拠・根拠」という意味で
す。そして、報告された検査法や治療法がどれくらい正確で信頼できるものかを
5段階で表すのが「**エビデンスレベル**」です（表1）。

　SNSなどでよくみかける「個人の意見」は、レベル5にすらあたらない情報も多
いかもしれません。とはいえ、レベル1〜4にあたるエビデンスも簡単に出てく

るものではありません。こと新型コロナに関していえば、可能な限り高いレベルのエビデンスを迅速に求めるのなら、**公的機関の情報と公的機関からの文書や掲載ページのURL等**といった「引用元」を明示して発信された情報が最もよいと思います。もちろん、地域の学校医などの意見も含まれます。「百聞は一見にしかず」です。どれだけ机上で学んでも実際に対応している人にしかみえない世界があります。学校のことも、教育現場で奮闘している先生方しか知りえないことがたくさんあるものと思います。

表1　エビデンスレベル

	意味	例	解釈
レベル1	複数の質の高い論文の最終的な効果をまとめた報告	レベル2の報告を複数集めてさらにまとめたもの	複数の報告がまとめられており本当に意味があるかがわかる
レベル2	しっかりとした前提に基づいて比較をした報告	このダイエット食品を使った人と使っていない人を比較してその差をみました！	その介入の有無が直接影響しているかわかる
レベル3	介入を行った人のみの効果に関する報告	このダイエット食品を使って○人が○○kg痩せました！	使用しなかった群と差があるのかはわからない
レベル4	1例報告	このダイエット食品で私は5kg痩せました！	個人の感想。「私」以外の人が使用したかもわからない
レベル5	専門家の意見	○○教授がこのダイエット食品がよいといっている！	権威のお墨付。使用例・根拠ともに乏しい

◆情報に振り回されないための「目」を養う

　近年、SNSで精力的に情報発信している医師は多くいます。その中で、たとえば、感染症について知りたいのであれば**感染症内科**を標榜している医師など、実際に医療施設で患者さんの診療にあたっている医師（臨床医）の声を探してみるのも1つの手かもしれません。

　多くの臨床医が信頼に足る情報を発信していますが、人によって表現力がさまざまなうえ、文字数に上限があるなど、必ずしもその人のいいたいことの全てを伝えきれていない場合があることを念頭においておきましょう。

そして何より大事なのは、「自分の目を養うこと」です。何が正しくて何が正しくないかの判断は専門家でも難しいことがあります。今目の前にある情報について「誰（どこ）が発信しているのか」「信用できるか」「出どころはどこか」を常に考える癖をつけましょう。なぜなら、"事実"として語られている内容が100％正確であるとは限らないからです。また反対に、一度信用した人を「その人がいうなら信用する（その人しか信用しない）」と考えることも大きな危険をともないます。どんなにすごい人でも間違えることはあるし、いつ間違ったことをいうかはわからないからです。特定の1人の意見だけを聞くのではなく、複数人の意見に耳を傾けるのがいいと思います。「誰がいったか」ではなく「何をいったか」。これを意識しましょう。

◆ゼロかイチかで考えない

　ちょっと難しい話かもしれませんが、新型コロナに関してはデルタ株以前とオミクロン株では本当に感染力も症状経過もワクチンの効果も全然違います。第1章でもお話ししましたが、新しいウイルスといっていいくらい別のものです。つまり2021年までのたくさんの研究で明らかにされてきたことや、きちんとしたデータを元にした公的機関などからの報告が、2022年に入るとオミクロン株の登場により大きくひっくり返されているのです。たとえばデルタ株以前についてワクチンの有効性は驚異的な高さを示していました。こんなに有効なワクチンが存在するのかと医師達は目の前の光景を疑うほどだったのです。しかしオミクロン株になってワクチンを打っている人も次々と感染している現状から、明らかに効果が低下していると多くの医師が感じています。ただし、有効性がゼロになったわけではありません。感染は抑えられなくとも、重症化のリスクを抑えることはできます。きちんと理解している人には「効果は落ちても総合的にみれば、打った方がメリットがある」という説明ができますが、「効かないじゃないか！やっぱりワクチンは効かないんだ！」と考える人は一定数おり、何度説明してもそういう考え方になってしまいます。ゼロかイチかで測れるものはほとんど存在せず、グラデーションでできています。どのような情報もゼロかイチかで考えるのではなく、どこまでを信じてどこまでを自分の生活に使えるのかをしっかりと考える癖をつけることが大切です。

【まとめ】
- 情報や知識は公的機関から入手したものを基礎とする
- 迅速性が必要な場合はSNSを参考にすることも可能
- 発信元を必ず確認する
- 誰がいったかではなく何をいったかで考える

17. 「感染しない」よりも 「感染させない」対策

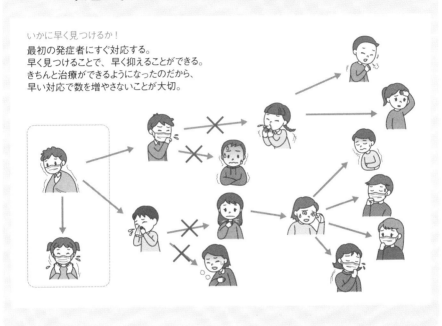

いかに早く見つけるか！
最初の発症者にすぐ対応する。
早く見つけることで、早く抑えることができる。
きちんと治療ができるようになったのだから、
早い対応で数を増やさないことが大切。

「感染させない」という考え方

　新型コロナウイルス（以下、新型コロナ）感染症は変異のたびに感染力や重症
度が変化してきましたが、それはオミクロン株の登場で最も大きく変わりまし
た。重症度は大きく低下し、重症化をする人はかなり少なくなりました。ただ
し、高齢者を中心に重症化をする人が一定数おり、残念ながらゼロにすることは
できないと考えます。たとえばインフルエンザでも2019年まで毎年1万人前後の
関連死亡（感染後の衰弱や基礎疾患の悪化等による死亡）があり、一般的な風邪
でさえ命に関わることは十分あります。ただ新型コロナもインフルエンザに近い
ところまで重症度が下がってきてはいるので、「感染すれば命に関わる」という
印象は拭えていると思います。

一方でどんどん強くなるのが感染力です。とにかく感染力が強い。**家族内感染、職場内感染、施設内感染**、誰か1人が発症するだけでその場所にいた人全員が感染してもおかしくないくらいです。2022年は7〜9月だけで1,000万人以上が感染しました。一般的な風邪と同じように治っていく人も多くいますが、その感染力の強さは看過できません。たとえ風邪だったとしても、重症化するケースが一定数あることも考慮すれば当然、クラスターが発生してもいいというわけにはいきません。医療現場や学校ならなおさらです。感染しないに越したことはありませんが、いつ、どこで誰が感染してもおかしくない状況にあります。だからこそ、感染した（かもしれない）ときの行動がカギになります。つまり、「**感染させない行動**」をとれるかどうかです。

　2020年初頭、新型コロナ感染症は人類を滅ぼすのではないかと思われるほどの恐ろしい感染症として登場しました。その結果、多くの感染者や死亡者、後遺症に苦しむ方が出ると同時に多くの偏見・差別、誹謗中傷も生まれました。法務省からも注意喚起がされています[1]。感染することを悪とし、感染した人が社会的に制限される風潮はやがて、感染したことを隠さなければならない風潮へと繋がっていきました。残念ながらこういったことは過去のパンデミックや災害時にも常に繰り返されてきました（**第16章**）。未知のものへの不安や恐怖が、偏見や差別、風評被害を生むのです。しかし上述の通り、新型コロナ感染症は病態の理解が進み、治療も確立しました。つまり、もう「誰もが重症化の不安を抱える病気」ではないのです。

　むしろ今足りないのは医療現場への理解と拡充です。設備や資源の不足だけでなく、その感染力の強さから医療従事者のあいだでも感染は拡がりやすく、人員の減少も引き起こしています。新しい病気が発生し、その患者数も多い。受け入れる施設が必要となればそれ相応の医療資源の拡充が必要ですが、国主体で新しい医療機関を作ろうという動きもありません。たとえば子どもが産まれたら1Kの夫婦2人の小さなアパートから広い家に引っ越すと思います。しかし新型コロナという新しい病気が発生したのに、医療現場が対応できる場所を増やせていないのが現状です。「感染しても怖くない」といえるようにするためには「医療機関にいつでも飛び込める」環境づくりが必要です。

◆感染させないためにできること

　では、誰が感染してもおかしくないならば、どう対応すればいいのでしょうか？　ずばり「感染しない」ではなく「感染させない」という考え方にシフトすることがポイントです。感染しないことに全力を尽くすとどうしても対策をやり過ぎてしまう傾向にありますし、オミクロン株の感染力の前ではおそらく限界があるでしょう。また、感染を避けることは感染拡大の極めて初期には有効かもしれませんが、蔓延し、病態もわかっている感染症に対しては残念ながらほとんど役に立ちません。また第2章でもお話ししたように、どんなに注意を払っていても感染してしまうこともあります。それは、新型コロナに限らず風邪やインフルエンザ、ノロウイルスなど皆さんにも少なからず経験があると思います。

　もちろん基本的な感染対策は必要です。手洗いなど、コロナ禍となるずっと前から生活の中に根付いている感染対策は継続することをおすすめします。繰り返しになりますが、感染症は新型コロナだけではありません。風邪やインフルエンザ、ノロウイルスに食中毒など、感染し発症すれば辛い思いをされますので、予防するに越したことはありません。

　そしてもし感染してしまった場合は、周りに拡げないために早め早めの対策を講じることです。感染の可能性がある場合や、体調が優れない場合はとにかく体を休めることを最優先にしましょう。それがご自身のためにも、周りの人にとっても最善の行動となります。心細いかもしれませんが、対面での接触も最低限に抑えましょう。受診する際は発熱外来へ連絡を入れてから来院ください。

江戸時代の火事の消し方　〜破壊消火に学ぶ〜

　「火事と喧嘩は江戸の華」という言葉もあるくらい江戸の町は火事が多く、また、この言葉の放つ印象とは裏腹に火付けは当時大罪で基本的に死罪でした。木造建築ばかりなので一度火がつけば一気に燃え広がり、町中が燃え尽きてしまうほどの甚大な被害が出る可能性が高いからです。もちろん当時は消防車もありませんし、ヘリコプターで水をまくこともできませんでした。そんな時代にはどのように火事を消し、延焼を防いでいたのでしょうか。

◆延焼を防ぐことは、感染を拡げないことと同じ？

　江戸の町には「火消」という現代の消防団に当たる組織がありました（め組の人もそれに当たりますね）。現代のような消化技術や設備がなかった当時、彼らは「燃える前に壊す」という方法をとっていました[2]。燃えているところには近づけないし、消火用の大量の水も用意できないため放水もできない。そこで、なんとしてでも延焼を防ぐために風下にあるものをドンドン壊してしまうのです。これを破壊消火（消防）といいます。つまり「燃えているものはどうにもならないけれど、そこから先に拡げない」という考え方です。

　この拡げないということが感染対策でも大きなポイントになります。感染してしまった人の時間を戻すことはできませんが、感染を拡げないための行動をとることはできます。社会において最も避けたいのは、感染者の急増により医療機関が逼迫し、新型コロナ感染症の患者さんだけでなく、そうでない患者さんの診療もできなくなることです。もちろん医療者の感染も増えますから、そのキャパシティは想像以上に早く限界を迎えます。大事なのはとにかく感染を拡げないこと、つまり感染の連鎖を絶つことです。破壊消火と同じ考え方ですね。これから燃えそうなところ（接触者）を燃やさない（感染させない）ための対策をとるのです。1点、決定的に違うのは、燃えてしまった家（感染者）にもきちんと消火活動（治療）という対応がとれる点です。

◆感染症の流行に合わせて対策の強さを調整する

　繰り返しになりますが、発症前から感染力をもつ新型コロナでは特に感染を避けることはとても難しいです。でも1人1人が感染を拡げない行動をしっかりととることで、誰かを守ることはできるし未来を変えることができます。治療ができる（治る）疾患で、感染させないようにできるのであれば感染を恐れる人は大きく減るでしょう。もちろん免疫力の低下している人はどんな病気でも感染によって重症化しうるので、周りの人も感染に注意することは必要です。その上で、一般社会においては新型コロナに対する考え方を少しずつ変えていく時期に入ってきていると筆者は考えます。

　感染者数の変化に合わせてメリハリのある感染対策をしながら、感染を拡げないことを考えるのです。これは学校生活においても同じです。感染はどこでも起こり得ますが、感染者が発生したら大きなクラスターに繋がらないよう慌てず、でもすぐに行動し、必要に応じて検査も行います。そうすることで、コロナ禍の前にできていたことも少しずつ取り戻していけると考えます。

最後に 〜正しい知識を身につける〜

　学校の感染対策においては、教育現場の先生方の協力は欠かせません。読者の皆さんには「適切な知識」をもって「新型コロナ対策」に取り組んでいただきたいと思いますが、わからないことも多いと思います。新型コロナに限らず、感染症の流行期にその対応に迷ったときは本書を参照し、少しでも役立てていただければと思います。

　今般の新型コロナのパンデミックは、誰も経験したことのない未曾有の事態ですから、社会が混乱するのも無理はありません。情報が錯綜し、どれが「最新の情報」か、どれが「信用できる情報」か、あふれるすべての情報の真偽を瞬時に見極めることはときに専門家でも困難です。一般の方ならなおさら耳慣れない言葉の連続と、情報量の多さに戸惑われたことと思います。

　ですが、だからこそ落ち着いた対応が必要です。何よりも大切なのは「まず自分の身を感染から守ること」「子どもたちや家族などまわりの人を感染から守ること」です。そして、感染から身を守るためには「するべき対策は何か」を適切に理

解し、コツコツと実践することが必要です。

　また、新型コロナのことで心が疲れそうになったら、ときにはテレビもパソコンも携帯も消して、新型コロナのニュースからいったん離れて気持ちを落ち着かせる時間を確保することも必要です。これは災害時など大きなニュースが続いているときも同様です。最近ではキャンプに行ってデジタルデトックスというのも流行っていますね。当初に比べて目新しい情報は少なくなりましたし、常に情報をチェックしている必要はないかもしれません。ただし、状況は少しずつ変化していきますので、「感染対策の要」となる情報などは聞き逃さないようにしていただければと思います。

　感染リスクを心配するあまり「子どもにさせてはいけないこと」ばかりを考えてしまうと、子どもたちの不安を軽減することはかえって難しいと筆者は考えます。「本当に必要な情報」「科学的根拠に基づいた情報」を入手し、適切な対応ができていれば、過剰に恐れる必要はありませんし、学校の感染対策も「何を」「どこまで」すればいいのかわかってくると思います。
　また、感染対策について誰もが1人で抱え込む必要はありません。各地域には保健所を筆頭に「感染症対策に取り組むための組織」も置かれていますので学校や地域単位で協力して取り組んでください。校内で感染者が出るなど、もしものときにどこへ連絡・相談すればよいのかを把握しておくこともまた、感染対策の1つとして大切なことです。

　本当に子どもたちを守るために先生方にしてほしいのは、子どもたちに「適切な知識を身につけさせる」ことにほかなりません。ウイルス（敵）が何者かを理解しているからこそ、私たちは「何を、どこまですべきか」を理解し行動することができるのです。「危険なウイルスはできるだけ遠ざけたい」という気持ちだけで動いてしまうと、いざというときに対応することができません。新型コロナから逃げ切ることのできる方法はたった1つだけ、「家族も友達も先生も、すべての人との接触を完全に断つ」ことです。これしかありません。でもそんなことはできないのです。

　「感染対策」というのは、感染から身を守り、感染者を増やさないために取り

組むことであり、ある意味では「たたかう姿勢」です。新型コロナという全く新しいウイルスに対して世界中が取り組んできたこと、経験したこと、起こったこと、変わってきたこと、その全てが新型コロナのためだけのものではありません。感染対策でいえば、季節性のインフルエンザに対しても十分応用がききますし、今回身につけた感染対策は、10年後20年後に子どもたちが大人になってからも、自分やまわりの人を感染症から守るために役立ちます。たとえ再び新しい感染症が発生したとしても、この基本的な感染対策の考え方は変わりません。先生方にはぜひ、子どもたちが適切な感染対策を身につけられるようご指導いただければと願っています。

【まとめ】
- 新型コロナ感染症はオミクロン株になって大きく病態が変わった
- 重症度は下がったが感染力はとても強い
- 新型コロナ感染症の治療法は確立されている
- 感染をすることは避けられないが、拡げないことを意識する
- 感染した人に「お大事に」といえる社会へ

- 参　考
1）法務省（https://www.moj.go.jp/JINKEN/index.html）
2）消防防災博物館（https://www.bousaihaku.com/history/）

武藤　義和
公立陶生病院感染症内科主任部長

略歴
2008 年　　岐阜大学医学部卒業
2008 年　　公立陶生病院研修医
2010 年　　岐阜大学医学部附属病院高次救命センター医員
2011 年　　大垣市民病院呼吸器内科医員
2014 年　　国立国際医療研究センター総合感染症コースチーフレジデント
2017 年　　マヒドン大学熱帯医療講座熱帯医学・衛生学分野修了
2017 年　　公立陶生病院感染症内科医長
2019 年〜　現職

新型コロナウイルスに対する学校の感染対策
改訂版

令和5年7月25日　　発　行

著作者　　武　藤　義　和

発行者　　池　田　和　博

発行所　　丸善出版株式会社

〒101-0051　東京都千代田区神田神保町二丁目17番
編集：電話 (03) 3512-3262 ／ FAX (03) 3512-3272
営業：電話 (03) 3512-3256 ／ FAX (03) 3512-3270
https://www.maruzen-publishing.co.jp

© Yoshikazu Muto, 2023

組版印刷・株式会社 真興社／製本・株式会社 松岳社

ISBN 978-4-621-30824-0　C 3037　　　　　Printed in Japan